好妈妈最爱读的亲子书　好妈妈最爱学的教子法

HAOMAMA JIAOCHU HAOHAIZI

好妈妈教出好孩子

刘　丽◎编著

天津科学技术出版社

图书在版编目(CIP)数据

好妈妈教出好孩子 / 刘丽编著.– 天津:天津科学技术出版社,2010.8

ISBN 978-7-5308-5975-9

Ⅰ.①好… Ⅱ.①刘… Ⅲ.①家庭教育 Ⅳ.①G78

中国版本图书馆 CIP 数据核字(2010)第 166605 号

责任编辑:张　萍

责任印制:白彦生

天津科学技术出版社出版

出版人:蔡　颢

天津市西康路 35 号　　邮编 300051

电话(022)23332398(事业部) 23332697(发行)

网址:www.tjkjcbs.com.cn

新华书店经销

北京雷杰印刷有限公司印刷

开本 710×1 000　1/16　印张 15　字数 188 000

2010 年 10 月第 1 版第 1 次印刷

定价:29.80 元

前 言

一位著名的儿童教育专家说:“思想前进一小步，人类教育文明前进一大步。”这句话用在亲子教育上,可谓是恰到好处。

目前，图书销售市场关于亲子教育的书籍琳琅满目、汗牛充栋，几乎涵盖了儿童教育理念的各个方面。从某种意义上说,这就对《好妈妈教出好孩子》这本书的创作增加了难度和挑战。

为了能在同类书籍中出新、出奇,达到脱颖而出的效果,编者不辞辛苦,一方面翻阅了大量的教育专著,另一方面,对多位资深教育专家和不同年龄层次的母亲进行了走访、咨询,为本书的创作提供了第一手真实可靠的珍贵资料。

该书共计六章,分别针对孩子的健康、财商、学习以及性格塑造等多个领域的问题展开了深入探讨。全书构思精巧,将传统的教子理论和西方现代先进的教育理念和模式,巧妙地融合在一起,运用流畅、优美的语言文字,如春风化雨一般,点画勾勒于故事和议论之间,使之交相辉映、相得益彰,让人在深入浅出、层层递进之中,如臻化境,受益无穷。同时,该书本着教子先立身的精神,就如何打造“好”妈妈的问题,也提出了不同的见解。

《好妈妈教出好孩子》是一本融知识性、趣味性和可读性于一体的好书。通过阅读此书,不仅可以帮助妈妈树立科学、健康的教子观念,还能有效引导孩子克服缺点和不足,迈好成材、成功的关键性一步。此外,本书借鉴了古今中外的经典教子案例,能让妈妈在领略大师成功的同时,汲取丰富的经验教训,用于自己孩子的培养。

当然，本书并非是一把开启所有成功大门的万能钥匙，也不是一味包治百病的灵丹妙药。但是我们相信，读完此书，一定能让好妈妈教出好孩子。

著名诗人纪伯论有首长诗《先知·论孩子》精辟地分析了父母与孩子的关系，谨以此诗，向天下所有的母亲致敬，向天下所有的孩子祝福！

论孩子

于是一个怀中抱着孩子的妇人说，请给我们谈孩子。

他说：

你们的孩子，都不是你们的孩子。

乃是生命为自己所渴望的儿女。

他们是凭借你们而来，却不是从你们而来，

他们虽和你们同在，却不属于你们。

你们可以给他们爱，却不可以给他们思想。

因为他们有自己的思想。

你们可以荫庇他们的身体，却不能荫庇他们的灵魂。

因为他们的灵魂，是住在明日的宅中，那是你们在梦中也不能想见的。

你们可以努力去模仿他们，却不能使他们来像你们。

因为生命是不倒行的，也不与昨日一同停留。

你们是弓，你们的孩子是从弦上发出的生命的箭矢。

那射者在无穷之间看定了目标，也用神力将你们引满，使他们的箭矢迅速而遥远地射了出来。

让你们在射者的手中弯曲成为喜乐吧，

因为他爱那飞出的箭，也爱上了那静止的弓。

——编者

目录

第一章 好环境造就好孩子

孩子健康茁壮地成长,需要一个轻松、舒适、温馨和快乐的生活环境。其中,最为重要的就是家庭环境。家庭对于孩子而言,就是一个充满了欢声笑语的游乐场,他可以像一只自由飞翔的鸟儿,穿梭在父母亲的怀抱中。一声亲昵的呼唤、一声呢喃的称赞,都足以在孩子的心底绽放最美丽的花朵。

第二章 走进孩子的心灵世界

孩子的心灵犹如五彩缤纷、色彩斑斓的童话世界。在他们的眼眸中，仿佛每朵花蕊里都生活着一位美丽的拇指姑娘；每一场宴会中，都会有王子与灰姑娘的邂逅。在他们的耳畔，仿佛每一声鸣笛，都是奏响的集结号；每一缕清音，都充满了神秘的魔幻。甚至，门之后、床之底，似乎都隐藏着一个未知的世界，这就是孩子的心灵世界。要想做孩子的朋友，就首先收起自己的评判标准，重新释放出那早已尘封的童真。只有这样才能做到心相约、心相连、心相牵。

第三章 好孩子的健康好妈妈做主

身体是革命的本钱。无论将来孩子从事什么样的职业，首先都必须具有一个健康的好身体，否则一切都将成为镜中花、水中月。然而，当今社会中的很多孩子，在妈妈的溺爱下，终日过着衣来伸手、饭来张口的养尊处优的优越生活，从而出现了肥胖、营养过剩等诸多不利于身体健康的疾病。孩子是妈妈的希望和骄傲，更是祖国的接班人，所以打造孩子健康的好身体是每个妈妈义不容辞的责任和义务。

第四章 好孩子的财商教育

在中国，仿佛一提到“钱”就感到俗不可耐，然而现实生活中离开了钱却又寸步难行。可以说，钱与一个人的生活是休戚相关的。但是很多妈妈却很少对孩子进行必要的财商教育，反而将更多的精力关注在孩子情商、智商等领域的教育上，结果这样就造成了孩子对“钱”缺少科学的认识，并且还严重地影响了孩子未来人生的理财规划。所以为了孩子能有一个光辉灿烂的明天，从现在开始，让“钱”走进孩子的内心世界吧！

第五章 让孩子喜欢上学习

《三字经》曰：“玉不琢，不成器。人不学，不知义。”意思是说，如果一个人不好好学习，就不会明白很多事理。然而现实生活中，很多妈妈经常苦口婆心地劝孩子用心学习，可是妈妈的话却如同掠过耳边的清风，转瞬间便消失得无影无踪，孩子依然是我行我素地厌倦学习。那么针对这一情况，妈妈应该怎么做才能让孩子喜欢上学习呢？

第六章 好孩子是妈妈的一粒“金”豌豆

许多妈妈成天渴望着自己的孩子能成为众人眼里的好孩子。可是究竟什么样的孩子才是好孩子呢？一般情况下，学习好、分数高、听话乖巧，只要符合这三个标准就是妈妈心目中的好孩子。元代著名戏剧家关汉卿曾说：“我是个蒸不烂、煮不熟、捶不扁、炒不爆、响当当一粒‘铜’豌豆。”如果妈妈能把这粒响当当的“铜”豌豆变做一粒光芒四射的“金”豌豆，想必这才是教育的真谛所在吧！

第一章 好环境造就好孩子

孩子健康茁壮地成长，需要一个轻松、舒适、温馨和快乐的生活环境。其中，最为重要的就是家庭环境。家庭对于孩子而言，就是一个充满了欢声笑语的游乐场，他可以像一只自由飞翔的鸟儿，穿梭在父母亲的怀抱中。一声亲昵的呼唤、一声呢喃的称赞，都足以在孩子的心底绽放最美丽的花朵。

家庭是孩子快乐成长的天堂

心理学研究表明，和谐、幽默、轻松的家庭有利于孩子创造性的发展和快乐成长。孩子在家庭环境里进行创造性活动时，可以避免受到嘲笑或干扰，从而能自由自在地专注于自己的活动，并从中感受活动的快乐。

同时家庭中洋溢的欢声笑语，也能让孩子笑脸盈盈、心情愉快，诱发孩子产生进取的激情和向上的力量。所以良好的家庭是孩子快乐成长的天堂。

一位哲学家说："世界上最好的教材是生活，最好的老师是母亲。"因为母亲是孩子在人生道路上的引路人，母亲的情操、理智、修养，直接影响着孩子。在每一件具体事情上，母亲的一言一行给孩子的教育和影响，往往胜过老师的千言万语。

苏东坡小时候，有一次母亲陪他读《汉书·张汤传》。张汤是西汉武帝时期著名的酷吏，他执法严格，刚正不阿，因此得罪了很多朝中达官显贵，所以他们便欲将其处之而后快，于是就密告张汤勾结商贾、贪赃受贿。武帝闻听勃然大怒，便下令将其严惩不贷。张汤深知必死无疑，就跪在母亲跟前说："自古忠孝不能两全。"张母回答说："大丈夫为国尽忠，乃生死事之。"张汤听罢，便自杀身亡了。

苏东坡读到此处，转身问母亲说："如果有一天，我也和张汤一样，妈妈会怎么做呢？"

母亲笑了笑，抚摸着他的头说："既然我儿能做张汤，我又为何不能做张母呢？"东坡闻此，会心而笑。

看完这个故事，我们不能不为苏母的大义、大道、大智所深深地折服。孩子是母亲的心头肉，试问，天下有哪位母亲能眼睁睁地看着儿子死在自己面前而无动于衷？常言说，人生三大悲哀，其中就有老年丧子。然而苏东坡的母亲却能说出自己愿做第二个张汤之母，这就足以体现出一位母亲在对孩子的教育中所表现出的伟大人格魅力。

其实中外古今很多成功人士，他们都直接地受教于良好的家庭环境，从而取得了人生的辉煌成绩。

爱迪生是世界上著名的大发明家，一生中共有大大小小的发明 2000 多种，因此被誉为"发明大王"。他出生于美国俄亥俄州一个贫苦的农民家庭，自幼富于幻想和爱动脑筋，特别喜欢鼓捣科学小把戏。

爱迪生只上过 3 年小学，而这三年读书生活还是在淘气中度过的，他被校长认为是贪玩而被开除出校，这使爱迪生幼小的心灵受到了很大的打击。然而他的母亲最了解儿子的浓厚兴趣，她不认为儿子的兴趣是不务正业。

母亲专门在地下室里为爱迪生开设了简易实验室，支持孩子的科学小试验，从而使爱迪生的发明创造能力得到了激发。12 岁那年，他借在火车上卖报的机会，又偷偷地在火车上做试验，结果差点使列车爆炸了。车长一怒之下，狠狠地抽了他一记耳光。这一记耳光使爱迪生落下了终生的残疾。后来耳聋的他又当过电报员，继续学习和研究。1862 年，爱迪生发明了留声机，轰动了全世界。

假如没有母亲的理解和支持，以及为他提供的自由环境，恐怕爱迪生即便具有好的天资也不会成为大发明家的。

用爱迪生自己的话说："我的成功与母亲的支持，以及所生活的家庭氛围是分不开的。"所以，作为母亲一定要懂得家庭氛围的重要性，不要把家庭变成死气沉沉的地窖，使孩子整日都在压抑阴暗的环境中生活。

那么母亲应该如何让家庭变得生机盎然、生气勃勃呢？

1.幽默是制胜的法宝

幽默不仅表现了母亲的修养，更能为活跃家庭气氛锦上添花。

一位母亲面对即将出国留学的女儿，心中充满了依恋和不舍。女儿看穿了她的心思，说："妈妈，不要担心，我会经常回来看望你的。"

母亲装作一副无奈的表情说："女儿愁，女儿愁，女儿大了不中留，留来留去留成了愁。现在我终于明白了，女儿大了，翅膀硬了，就中国这么大的地方也留不住了，更别说留在妈妈身边，还是到外国去'流'吧！"

后来女儿回国探亲，她和母亲谈起同在美国留学的哥哥，说哥哥想娶个黑人姑娘。母亲不由大吃一惊。"妈妈怎么还有种族歧视？黑人女孩是黑珍珠，身材好极了，长得也漂亮。""我倒没有种族歧视，"母亲停顿了一下，又接着说："我就担心他们以后生个孩子，送到北京来让我们带。万一哪天晚上断电四周全是黑的，找不到孙子那不急死我！"女儿连忙说："那没关系，断电的时候你就叫孙子赶快张开嘴巴，那不就找到了！"

在母女之间这场温情脉脉的唇枪舌剑中，母亲显示了她开阔的胸襟、年轻的心态和幽默的天性，而女儿更是青出于蓝而胜于蓝，一番"唇枪舌剑"为久别重逢的母女增添了一份格外的喜悦，也使家庭处处洋溢着温暖。

2.镜子折射出的笑容

现代生活的压力越来越大，尤其是作为一名母亲，白天在外忙工作，晚上回家还要做饭、照顾孩子，所以巨大的压力经常让母亲愁眉不展。但是不管怎么样，请母亲一定不要把愁绪和愁容带到家里来，因为这样会把不良的情绪传染给孩子。因此有人提议母亲要随身带一面镜子。当然，这面镜子可不是让母亲用来描眉施粉的，而是让母亲在进门前，对着镜子笑一笑，摆脱一天的疲惫和愁容用的。正所谓，笑比哭好，更何况是为了孩子。

3.好心态、好家庭、好孩子

要创造和保持美好和谐的家庭气氛，母亲就要克服情绪上的随心所欲。母亲在喜怒之间，应随时调整自己的心理状态，力求保持一种平和、明朗、乐观的心境。千万不要把愤怒、怨恨、沉郁等消极情绪传染给家庭和孩子。

4.笑对人生，快乐一生

笑话中有自嘲、有宽慰、有机智、有纯真，虽然笑话的内容不同，方式不一，效果却同样神奇。比如遇到孩子生闷气，母亲不妨说句"天气预报可是晴天啊，怎么多云转阴啦！"赶上双休日，全家聚在一起，讲讲故事，说说笑话，这样既有教育孩子的作用，又给家庭平添了不少乐趣。

总之，家庭是孩子成长的快乐天堂，为孩子创造一个和谐、快乐的家庭，是每个母亲义不容辞的责任。

给孩子一点属于自己的空间

前不久，从电视新闻中看到一则中学生集体离家出走的报道。看完之后，内心许久不能平静。尤其当孩子面对镜头时，发出的那句振聋发聩的呐喊——"家里太压抑了！"仿佛是一枚重磅炸弹，顷刻间，把一切有关教育的理论和实践都炸成了粉末。

鲁迅说：不在沉默中爆发，就在沉默中灭亡。很显然，这群离家出走的少年，选择用爆发的方式，表达自己的抗议。当然并不是所有的孩子都能通过爆发的方式宣泄内心的不满，那么就只能默默地独自承受了。

记得上大学时，曾读过一本法国著名小说家阿尔贝·加缪写的《局外人》。故事讲述了主人公——莫尔索对所有的事情都漠不关心，包括对自己。

在听到母亲去世的消息后他也无动于衷，糊里糊涂地参加完母亲的葬礼，第二天他去了海滨浴场碰到了从前的女同事玛丽，两人一起游泳，晚上又看了一场滑稽电影，电影的情节使两人笑得前仰后合。莫尔索最常说的一句话就是："那不是什么重要的事。"

他对想升他职的老板说："您也和别人一样，不愿意改变生活吧！"恋人问他爱不爱她时，他回答说："这有什么关系吗？"

在海边他用枪杀了人，法庭上法官问他为什么杀人，他的回答很简单："因为阳光太刺眼了。"

每次看到这里时，我都会感到心灵的震颤，这种战栗不仅来自于主人公的冷漠，更来自于现实生活，来自于正在成长的下一代。

几年前，在日本曾发生过一起中学生连环杀人案。当有人问这个沉溺于游戏的中学生有没有意识到自己是在犯罪时，他惊讶地反问道："反正只要再投进硬币，他又会活过来，这有什么关系呢？"

这个孩子因为沉迷于游戏，不能将现实生活与虚拟世界区分开来，最终产生错觉，把现实生活当成了游戏，酿成了一场无法挽回的悲剧。而造成这场悲剧的根源，就在于对生活的漠然。

近年来，中国孩子们沉迷于网络虚拟游戏所带来的危害，也逐渐成为一个严重的社会问题。孩子们为了逃避残酷的现实生活而选择了虚拟的游戏世界。他们在现实生活中不能实现的东西，在游戏或虚拟空间中都能实现，于是便心甘情愿地被“俘虏”了，快乐地成为“游戏”的奴隶。

现实的压抑让孩子们的心灵产生了扭曲，变成了莫尔索的复制品。他们不仅承受着学校的压力，还要承担来自家庭的压力，可以说，孩子们几乎没有属于自己的时间和空间，他们就是一副任人摆布的木偶。所以当我们为孩子的现状感到忧虑和担心时，是否考虑过，是什么原因让原本幸福得像花儿一样的孩子们，变得如此冷漠、如此狂躁。

追根求源，就是父母“侵略”了孩子们的时空。当孩子们出生后，就像一辆列车，沿着父母早就铺好的轨道上前行。他们没有中途停下来休息的权利，更没有随意转弯的权利，他们唯一能做的就是乖乖地向前！向前！一直向前！

孩子的快乐生活，就这样被无情地转化成了机械和麻木，犹如一口破旧的老钟，丧失了年轻的活力。

清代著名诗人龚自珍在《病梅馆记》中记载：“有以文人画士孤癖之隐明告鬻梅者，斫其正，养其旁条，删其密，夭其稚枝，锄其直，遏其生气，以求重价。”其实，现在的孩子就好比是这些被“斫其正、删其密、遏其生气”的病梅，而操刀者就是疼爱孩子的父母亲。

倘若不能从根本上认识到“还给孩子一点空间”的重要性和侵占孩子空间的危害性，那么无论是少年集体离家出走，还是像《局外人》莫尔索一样冷漠无情的悲剧，都将会继续上演。

做父母的总以为，给孩子最好的衣食住行，就是对孩子最大的关心和爱护了。其实不然，给孩子一点属于自己的空间，比让他天天吃肯德基还要幸福快乐。因为当孩子徜徉在一个属于他们自己的小天地里，他们便可以率性地表达自己的心愿和体会。可以在自己的小天地里，凭自己的兴趣选择活动内容，积极愉快地学习。

偶然忆起王介甫的诗句，愿以此诗，警钟长鸣！

百啭千声随意移，
山花红紫树高低。
始知所向金笼听，
不及林间自在啼。

把房子建在“风水宝地”上

瑞典教育家爱伦·凯指出：“环境对一个人的成长起着非常重要的作用，良好的环境是孩子形成正确思想和优秀人格的基础。而在中国传统经典著作《三字经》中就有“昔孟母，择邻处；子不学，断机杼”的千古佳句。由此可见，为孩子选择最优秀的生活环境，是古今中外所有妈妈共同的心愿。下面我们简单介绍一下孟母三迁的故事。

孟子名轲，出生在山东省邹城县。家境贫寒，三岁丧父，与母亲相依为命。孟子家最初的住处靠近一片墓地。由于经常看到出殡送葬的人群从附近经过，因此孟子与其他孩子就“为墓间之事，踊跃筑埋”。他们模仿送葬的人群，兴致勃勃地玩抬棺材、掩埋死人的游戏。孟母认为这样的环境会对孩子的成长不利，有碍孩子树立健康积极的思想，并影响孩子将来求取成功。

于是孟母决定搬家，带着孟子迁居到远离墓地的庙户营村，那里是一处繁华的集镇。孟子置身于这人来人往的熙攘闹市之中，很快又同集镇上的孩子一同玩起了做生意的游戏，与同伴们学习商贩叫卖吆喝、讨价还价，还学邻居屠夫杀猪宰羊。孟母觉得这里仍然不是培养孩子的理想场所，这样下去孩子很容易受小商贩的影响而不认真读书。

在这个集镇上刚刚居住了半年的孟母，毅然决定再一次搬家。这一次，孟母搬到了一所学校的附近。天资聪颖的孟子每日被书院里的琅琅读书声所吸引，常到书院里跟着学习诗书，演习礼仪。后来通过一番勤奋努力，终于成为一代儒学大师。

倘若孟母没有三次搬家，那么也许就不会有今天名垂青史的孟子了。所以孟母的伟大之处，就在于她能给孩子提供一个良好的成长环境。

小孩子的模仿能力很强，他会情不自禁地跟周围的人学习。如果不能给孩子营造一个良好的成长环境，那么一定会影响孩子的健康成长。

一个孩子经常跟隔壁邻居家的大哥哥一起玩耍，大哥哥也很疼爱这个小弟弟。但是这个邻家大哥哥有个口吃的毛病。结果，他们在一起玩了没几天，本来说话流畅的小孩，也逐渐变得口吃了。所以给孩子关爱就要无微不至，哪怕是房子的选址，也一定要选在“风水宝地”上。

根据科学调查研究表明，一个良好的生活环境，对孩子的成长有以下几个方面的积极作用。

1.培养健康、文明的兴趣爱好

民间有句俗话：“跟着啥人学啥人，跟着端公跳大神。”意思是说，什么样的环境造就什么样的人才。只有在良好的生活环境下，才能有助于培养孩子健康、文明的兴趣爱好和生活情趣。目前，很多小区都加强精神文明建设，其中最重要的原因，就是在于给孩子提供一个良好的生长环境。当然这些只是辅助手段，最关键的还是母亲给孩子营造一个称心如意的家庭环境。

2.树立良好的生活习惯

古话说：“三岁看大，七岁看老”，意思是说，从孩子小时候的表现，就可以知道孩子的一生。当然这话并非如此绝对，但是其中所蕴涵的科学道理，却不容我们小觑。因为孩子从小就会养成一种习惯，这种习惯将伴随孩子的一生。因此让孩子培养一个良好的习惯，对他的一生都有帮助。想必三择邻的孟母，就是看出了其中的道理，才不厌其烦地三次搬家吧！因为让孩子跟走狗斗鸡的人混在一起，横竖不如与知书达理、文明礼貌的人在一起有帮助。

3.促进智力的发展

母亲是孩子的第一任老师。从孩子的咿呀学语到蹒跚学步，无一不是由母亲教会孩子的。同样孩子早期的智力开发也是由母亲训练的。比如教孩子数数、学儿歌等。启蒙的好坏直接影响孩子今后的学习。不良的家庭环境，往往就忽视对孩子早期的智力开发，导致孩子的心智不健全。而良好的成长环境里，则会推动孩子智力的发展。

4.影响目标的实现

很多电视剧中，都有这样的故事情节。一个乖乖仔本来可以顺利地实现心中的伟大目标。可是中途家道破落，于是他们便和一些不良的人群接触交往，最后一失足成千古恨。因为在不良的成长环境里，孩子对人生价值的认识会有所歪曲。没有良好的生活环境，就没有良好的习惯；没有良好的习惯，就形不成良好的意识；没有良好的意识做行动指南，偏离最终目标也就在所难免了。

5.促进身体健康

母亲的爱，永远是世界上最伟大的爱。然而只有在良好的生活环境下，母亲才能有时间和精力，为孩子的饮食起居贡献最大的力量。倘若生活在一日三餐都成问题的环境下，即便有心照顾孩子的身体健康，恐怕也是没有能力办到的。所以孩子的身体健康，离不开良好的成长环境，也离不开母亲的悉心照料。

综上可知，良好的成长环境对孩子的成长起着至关重要的作用，所以为了孩子的明天，每个母亲都应该以孟母为榜样，重视孩子的成长环境，并尽自己的一切努力来给孩子创造良好的成长环境。

让孩子享受家庭的民主

中国倡导民主的呼声，已经有百余年了。可是在很多家庭里仍然保持着传统家长一言堂的作风。孩子在这种家庭中，就像一个俯首帖耳的臣子，每天战战兢兢、凄凄惶惶，不敢发出自己的声音，只要稍有不慎，就会引起一场家庭纠纷。

果果刚上小学三年级，妈妈就把她送到了音乐培训班，希望孩子长大之后，能成为一名出色的音乐家。可是父亲却不这样想，他真诚地渴望女儿有朝一日能成为著名的舞蹈家，所以就自作主张把女儿送到了舞蹈培训班。后来母亲知道了这件事，就和父亲大吵大闹了一番，从此后两人形同陌路，势同水火。没多久，父母二人便宣告了离婚，而女儿果果却从此无人问津了。

其实，这个故事中受伤害最大的就是女儿。因为无论是学习音乐，还是学习舞蹈，做父母的从来没有征求过女儿的意见，便一厢情愿地自作主张了。

也许有的家长会说："孩子那么小，他能知道什么，还不得做母亲的多操心呀！"是的，对孩子的操心是每个母亲应尽的责任和义务。但是操心并不等于可以干涉孩子的决定。毕竟孩子也是家庭中的一员，他也有享受民主的权利。

某班有一个很优秀的男孩，名叫陈桐。他的家庭教育有一个很明显的特点：母亲无论大小事最终都是让儿子自己拿主意，她就像位参谋只参与提议并不最后定夺；如果出现分歧，她就充分尊重儿子的选择。陈桐高一担任班长，进入高二后他又准备竞选校学生会干部；母亲考虑到学习负担越来越重，曾找到班主任说，不主张陈桐当学生会干部。但陈桐觉得自己有富余的时间和精力，而到了学生会又可以更全面地锻炼自己的能力，因此坚持要参加竞选。于是母亲不但同意了儿子的选择，而且积极为他的竞选出主意。高三毕业前夕，陈桐与母亲在填报志愿的问题又产生了分歧。母亲希望他报计算机等热门专业，而陈桐想报考他所喜欢的医学专业。母亲和陈桐坐下来反复讨论、商量，但陈桐仍然坚持自己的意愿，他说："计算机专业虽然发展前景广阔，但我毫无兴趣；医学专业虽属冷门，但我热爱。"母亲再次依从了儿子，陈桐后来考上浙江大学医学院。事后陈桐的母亲在一次跟儿子通电话时说："妈妈就是一名医生，我知道做医生的艰辛，只要有病人，哪怕是半夜三更，也要立刻赶到医院。你自幼身体虚弱，妈妈希望你能将来能找份舒适的工作。但是你未来的人生之路毕竟应由你自己走。所以妈妈虽然不喜欢你学医学，但是既然你选择了，妈妈就一定支持你！"

陈桐较之于其他同龄的孩子而言是幸福的，因为他有一个民主的家庭，一位支持他选择人生道路的母亲。而下面故事中的孩子就没有这么幸运了。

金秋十月的一天，一位咨询师接待了一位特殊的母亲。说是特殊，原因是这位母亲刚冲进办公室，就鼻涕一把、泪一把地哭诉个没完没了。而且口中不住地说着："我这是造了什么孽呀！"

咨询师先稳定了这位母亲的情绪，然后就开始了询问。这位母亲从怀里掏出一封皱巴巴的信。内容是这样写的：

"妈妈，当你看到这封信的时候，也许我早已不在这个人世了,请原谅儿子的不孝吧。妈妈对儿子的养育之恩,儿子今世没有机会报答,恐怕也不会再有来生。如果真的有来生的话,我也希望不要再做你的儿子。

妈妈,你可知道,我来这个大学已经快两个月了,可我心中没有片刻的宁静,只有伤心、失意,更多的是惶惑。我时常感到迷惘,不知道自己的方向,我失去了目标,我真的不知道自己还有没有勇气坚持下去。每天尽学些电路、机械。简直和电工差不多!与其让我学一些我不爱的东西,那还不如去死!妈妈,我今年才18岁呀!我可以退学,重新准备明年的高考,我发誓一定可以考取清华或浙大的建筑系。妈妈,请你相信我,帮助我!可是当我把这个想法告诉你的时候,你无情地拒绝了。你知道吗?就在那一刻我的心破碎了。我再也没有希望了!妈妈,这些都是你一手造成的。如果你真的不爱我,为什么当初还要生下我呢?我恨你,永远恨你!妈妈——永别了……"

咨询师看到这里的时候,眼睛湿润了,他迫不及待地问道:"孩子呢?孩子是不是……"

母亲擦干了泪水,哽咽着说:"孩子抢救过来了。可是,他却不愿意见我。"说罢又哭了起来。

咨询师长舒了一口气道:"造孽呀!造孽!你究竟对孩子都做了些什么。"

母亲悔不当初地说:"儿子从小喜欢建筑,而且很有艺术天分。他高中的时候,曾和几个同学组织了一个乐队,我怕影响孩子学习,就勒令儿子退了出来。当时他很气愤,后来过了一段时间,他也就想通了,便一心钻到了学习上。高中毕业填报志愿的时候,他想要报建筑系。但是我觉得学建筑没多大出息,整天和水泥、砖头搅合在一起,所以我就强令他报了一个他不喜欢的机械制造系……可是我真的没想到,竟然会给孩子造成这么大的伤害啊!是我对不起儿子,这些都是我的错……"母亲话未说完就“扑通——”一声跪在地上，哀求道：“大夫，求你了，一定要帮帮我，求你了！”

最后在咨询师的调解之下，母子终于消除隔阂了。这个故事就告诉我们，做母亲的千万不能肆意干涉孩子的选择。在一个家庭里面，一定要充分发扬民主作风。生活中我们经常听到这样的话：“不听老人言，吃亏在眼前”、“妈妈吃的盐比你吃的米都多”等。当然经验是可以借鉴的，但是经验决不能成为阻碍孩子选择的理由和借口。

也许并不是每一个家庭都有以上这样辛酸的“苦果”，但是母亲以自己的意愿强行代替孩子意愿所产生的类似的家庭痛苦却绝非个别现象。然而相当多的家长并未意识到用自己的大脑取代孩子的大脑有什么不对。在他们看来，孩子绝对服从家长是天经地义的，而孩子如果不听家长的话则是大逆不道。这才是真正的问题所在，正是由于这种错误的逻辑作祟，才酿成了诸多家庭悲剧的发生！

所以为了从根本上缓解父母和孩子之间的矛盾冲突，就要先从树立民主家庭环境开始。因为在充满民主气氛的家庭氛围中，母亲对孩子的关爱，将会从“强迫”转变为“建议”。例如星期天最好由孩子办一天伙食，吃什么、怎么吃，全凭孩子去操心；学习上遇到困难了，做母亲的应帮着出出主意，但解决问题的办法最后还得孩子自己决定……在这个过程中，孩子肯定会摔几个跟斗，走一段弯路，但是这样可以让孩子更加刻骨铭心。

也许有人会问，建立民主家庭，是不是就意味着对孩子放任自流、不闻不问呢？当然不是了，民主家庭是具有一定的标准和准则的。

1.民主家庭重在因势利导

专制教育已经不适合当代教育发展的要求了。对孩子的教育，犹如大禹治水，重在因势利导。在这样的家庭教育中，父母已淡化了权威色彩，却通过不露痕迹的引导强化了他的教育作用。与孩子一起平等地纵情游玩、促膝谈心、探索尝试乃至激烈争论，都是在对孩子进行义不容辞的引导——只不过在这一系列的引导过程中，父母在孩子面前的角色仅仅只是朋友、同伴和参谋而已。

2.民主家庭不等于放纵、迁就

现在的孩子在家里通常被尊为“小皇帝”、“小公主”，可以说是“千般宠爱在一身”，倘若对孩子们再不严加管教，是不是就太过于放纵和迁就他们了。其实不然，民主家庭教育培养孩子的是一种独立人格、平等意识、拼搏精神和创造能力。而“小皇帝”般的骄纵，培养的才是孩子任性妄为的不良习惯。

3.民主家庭是在传承基础上的突破

很多家长认为，建立民主家庭就要全盘摒弃传统的教育方式。其实这是一种误解。所谓的民主家庭教育是在传承的基础上，融入了进步、科学和发展的教育观念，为孩子提供了一个更为轻松、舒适的发展空间。民主是为了培养孩子的主人公意识，而传承的则是中国优秀的民族文化。

母亲是孩子的第一任老师，家庭是孩子的第一个课堂。为了孩子能够健康茁壮成长，就应该给孩子更多的选择权利，给孩子更多敢于说“不”的权利。而这些都需要一个民主和谐的家庭环境。只有在民主和谐的家庭中，孩子才能健康成长为国家需要的人才。

自由是孩子成长的灵魂

孩子的想象通常是天马行空，瑰丽多姿的，因为孩子有着一个绝对自由的想象空间。其实孩子的成长，不仅需要自由的想象空间，同时也需要一个自由的生活空间。

记得小时候有位玩伴，都长到12岁了，还与母亲同床。原来这个男孩是家里的三代单传，而且又是母亲冒着生命危险，高龄产下的，所以家里人都异常疼爱。尤其在母亲的眼中，他仿佛永远都是那个长不满尺的婴孩。因此母亲会亲自给他擦澡，晚间还要搂着他睡。可是孩子都有自尊心的。当这件事情被传到同学耳朵里，成为一则笑谈时，他就特别气愤。当晚母亲再给他洗澡时，他便大声地喊道："我不要妈妈给我洗澡，我已经长大了。"他的这句话，给了妈妈一个很大的震撼。是的，孩子总有长大的一天。于是妈妈便默默地离开了，并且在隔壁房间里给他新支起了一张床。

这个故事看似很平淡，其实当我们拨开母亲对孩子深深的爱时，暴露在眼前的，便是孩子对自由空间的无限渴望。

现在很多父母为了给孩子提供一个独立的自由空间，就会划分出一个房间给孩子，而且在房间里，配置最适宜孩子成长的设置，例如：可爱的书桌、温馨的台灯、舒适的小床等。可是孩子却又偏偏喜欢在餐厅做功课了，这是为什么呢？难道孩子嫌空间不够大吗？还是嫌空间不够绝对自由呢？其实这些都不重要，重要的是能让孩子安心游戏和做功课而已。

首先我们要说明的是，这个空间一定要让孩子感到安心。倘若不能，即便是再大、再豪华的房子，也不会让孩子感到自由的。

也许那个自由的空间只是客厅里的一角。在那个角落里，没有摆放父母的任何杂物。只有一些孩子喜欢的漫画书、儿童玩具，或者哪怕只是一个压扁了的塑料杯子，仅此而已。

也许那个自由空间只是加了一道屏风的隔墙。在划分出来的空间里，孩子可以凭借着自己的聪明智慧，任意地给空间做装饰和打扮，总之这里所有的一切，都是这么令孩子感到开心和愉悦。

冯巩拍摄了一部电影《心急吃不了热豆腐》。影片的主人公——刘小好，从小就寄居在一个十分要好的同学家中，而他最大的心愿就是有一间属于自己的房间，哪怕只是方寸空间足矣。电影在结尾时，伴随着一阵舒缓而愉悦的音乐声，刘小好终于实现了心愿。虽然那个空间仅仅只能容下一个单人床而已，但是那毕竟是一个只属于他自己，可以给他安心和快乐的天地。

其实，电影中小好的心愿就代表了广大的同龄孩子们的共同心愿。当孩子到了一定年龄，都可能会要求拥有独立的房间。如果是一些空间感觉强烈的孩子，纵使没有门或帘幕的划分，他们也会在自己的场所上，挂上看不见的屏幕，然后在其中自得其乐。

正如教育专家陶行知所说，孩子的成长和发展需要有一个宽松的、开放的、积极的环境，需要在父母的热切期望和等待中来引导孩子的成长。孩子的发展，要遵循规律，不能任意抹杀孩子的创造欲望和玩乐心态，要给予孩子自由的空间，要让孩子自由地发展。

孩子的成长不仅需要自由的空间，还需要自由的权利。倘若没有自由的权利，那么无论空间是多么的自由，那充其量也就只是一座堂而皇之的“监狱”。

然而这些道理并非每个父母都能明白的，即便明白也未必能做得到。在父母的眼中，孩子的首要任务就是学习，所以不遗余力地给孩子报特长班、各类培训班、请家教等，最终让孩子没有一点自由的时间和空间，甚至连自由喘息的机会都没有。

古人云："艺多不压身"，让孩子多掌握点知识，多学点本领，本没有什么坏处，但关键是要孩子自己愿意。否则只能适得其反，不但不能使孩子按照自己的愿望发展，还可能极大挫伤孩子的积极性，不利于孩子自由、健康、快乐的发展。所以对于孩子的发展一定要因人而异，一定要给予孩子充分的自由。

一位读初中二年级的学生在日记中这样写道：

我的妈妈是一位文学家，我的父亲是一所大学的数学老师。我的家如同一个人文与科学的梦幻组合，一个用寓言故事告诫我为人要真诚坦荡，对世间万物都心怀爱与感激，即使身处逆境也要发现身边的美；一个则用严谨的数学语言让我坚信这个世界必有规律可循，求真务实善于开拓的科学精神是人们寻找安全感的良方。

有一段时间妈妈告诉我分久必合，合久必分，月满则亏，万物皆有必然之理；而父亲告诉我世界可以用偶然来描述，甚至每个人都只不过因为偶然才成为自己。当我将两句话完整地理解而发现其中的一致时，我觉得对未知世界充满了探索的自信。我认为这种感觉永远不是来自于灌输，而是启发式的诱导。

记得小时候，母亲从幼儿园接我回家，总带我在路边的咖啡馆小坐片刻。在那儿，她让我闭上眼睛，慢慢地品味咖啡的香醇，从那一刻开始，我理解了什么是生活的"苦尽甘来"。

妈妈教育我写文章，一定要成竹在胸，然后下笔方能文采飞扬。然而我却是不假思索，任凭思绪飘扬。有一次语文考试中，我的作文只得了20分。母亲看完我的作文后，不仅没有批评我，反而给我的写作方式冠名以"意识流"，这也就是说，我的做法得到了妈妈的认可。我感谢妈妈，感谢妈妈给了我一个自由

的环境，感谢妈妈给了一个发展我个性的空间。

由此可见，自由是孩子健康成长的灵魂。《老子》曰："我无为而民自化，我好静而民自正，我无事而民自富，我无欲而民自朴。"言下之意，就是给人民以自由，让他们自由发展，就能达到国富民强的目的。其实这也适合孩子的教育。倘若每个父母都能无为而无不为，给孩子多一分自由，那么孩子也能做到"自化，自正，自富，自朴"。

在关于自由教育这个问题上，美国人是这样看待的，成人绝对不能强迫孩子做任何事情，作为独立的个体，孩子有他自由的权利。

当然我们所强调的"自由"并不是没有"约束"的绝对自由，而是一种在"规则"允许的范围内的自由。

他们做一件事前，母亲会把规则向孩子讲明，在规则允许的范围内，孩子可以根据自己的意愿去做他喜欢做的任何事。

一位旅美华人，讲述过这样一件事情。有一次，同事带着一个 5 岁的女孩来她家参观。进屋之前，妈妈向孩子提出要求"no touch"(不准动手)，并告诉她这样做的原因。进屋之后，孩子就可以自由地参观和提问了。当孩子看到橱窗内悬挂的一枚红色中国结时，就情不自禁地伸手去触摸。就在此时，妈妈厉声喝住了她，并且狠狠地教训了她。

女儿受了批评之后，就很委屈地坐在一旁，一语不发了。为了缓和尴尬的气氛，这位旅美华人就喊来自己的儿子，带着她到外面的花园里游玩去了。

小姑娘很快就来了兴致，在花园里高兴地大声唱了起来。就在旅美华人要夸奖她的歌声美妙时。妈妈突然站起身来，叫住了女儿说："请不要这样大声唱歌，会影响别人的。"于是，女儿便停止了歌唱。

这时旅美华人心想，难道她是担心女儿的歌声会影响别人午休吗？于是她偷偷地看了一下挂在墙壁上的时钟，已经 2 点

45 分了。所以她不解地问道:“现在已经过了午休时间了,为什么还要阻止女儿唱歌呢?”

“我这样做的原因是为了让她明白，她有做任何事情的自由,但是绝不可以影响到别人。如果影响了别人,那么她就丧失了自由的权利。她唱歌我不反对,但是她的声音已经影响了我们的正常谈话,难道不是吗?”

这位美国母亲说得实在太精彩了。她一语中的地道破了孩子需要的“自由”和家长要给予孩子的“自由”两者之间的区别。同时,她也指出了自由的真谛,那就是,没有约束限制的自由,就不是真正意义上的自由。

由此可见,良好的家庭环境必须有善教的母亲,给孩子提供一个自由的空间,方能事半功倍,促进孩子健康发展。

小小顽童,耍些脾气又何妨

孩子是天真无邪的,他们不会虚伪地掩饰自己的内心感情,他们敢爱敢恨,所以在父母的眼中,孩子通常都是任性的。然而任性却是孩子的天性。

小表妹刚三个月的时候,经常无缘无故地发脾气。有一次,小舅妈在她的摇篮里,悬了一只漂亮的风铃,上紧了发条之后,风铃就轻轻地摆动，并发出一阵阵悦耳的声音。小表妹起初只是瞪大了眼睛,盯着风铃看,然后就伸出小手去抓。因为风铃悬得高,她抓不到,便开始发脾气,扭动着身子,用一双小脚把盖在身上的被子踢掉,接着就用小手挠自己的脸,最后竟哇哇地大哭了起来。

其实每个孩子都是如此，当他们还处在婴儿阶段时，就已经懂得发脾气了。而且随着孩子年龄的增长，他们的脾气会越来越大。

听妈妈说，我小时候就特别喜欢发脾气。只要稍有不称心，便踢板凳、摔书包，甚至撕作业本。我用怀疑的目光打量着母亲问："我发脾气的时候，你不管我吗？"

妈妈故意沉着脸说："不管？不管你还上天了呢，你一发脾气我就用鞋底抽你。"

"然后呢？"我又问道。

妈妈长叹了一口气说："然后？然后你就呆站在那里，哭个昏天黑地。"

我听罢自己小时候的故事，便独自乐开了。我模糊地记得，那一年我上小学一年级，班里有位同学新买了一个唐老鸭书包，我很喜欢，回家就缠着妈妈去买。

妈妈执拗不过，便随口答应说："礼拜天带你去买。"

于是我就掰着手指头过日子，好不容易熬到了礼拜天。一大早我就闹着母亲陪我去买书包，妈妈被闹得不耐烦了，就冲着我吼。可是我依然不依不饶地嚷着要买唐老鸭书包，最后妈妈实在气愤不过，就打了我一顿，于是我便放声大哭了起来，而且边哭边喊着："妈妈骗人，妈妈说话不算话。"

我的哭喊声惊动了周围的邻居。他们纷纷赶过来劝慰，而对于我来说，仿佛是找到了一座坚实的靠山，所以闹得更凶了。结果妈妈忍无可忍又把我狠狠地揍了一顿。

也许很多孩子都有过和我类似的经历，而妈妈们的反应，也和我母亲大同小异。其实遇到这种情况，妈妈大可不必如此大动肝火。

当然任何一个母亲看见自己的孩子在众人面前大发脾气，都会感到很难为情。但是如果此时，母亲不能很好地控制自己的情绪，加以调解和处理的话，最后只会“两败俱伤”，孩子对母亲很失望，而母亲也会徒增烦忧。

一般情况下，当孩子在众人面前有异常表现时，母亲不应该首先顾及自己的面子，而是应该耐下心来，和孩子进行很好的沟通和交流。

因为作为孩子的母亲，在她的脑海中有成套的清规戒律，什么样的行为是可以接受的，什么样的行为是不应该发生的。在情感表达上母亲也有明确的概念，什么样的情感是值得赞扬的，什么样的情感是不应该存在的。而孩子却没有形成这样的概念。

根据心理学研究表明，孩子在 2 岁左右爱发脾气是一种正常现象。因为这一年龄段的孩子易冲动、自制力差，对挫折的容忍程度是有限的。孩子要到外面玩，母亲不允许，为什么不允许，孩子是不会明白的，他们只能通过发脾气的方式表达自己的感情。而 4 岁以上的孩子，对挫折有了一定的控制能力，初步明白了一些事理，如果还频频哭闹、经常发脾气，那么其原因大多出在母亲身上。

母亲应该明白：发脾气是孩子正常的情绪宣泄，要允许孩子发发小脾气，但更要找到孩子发脾气的原因和安抚孩子。

晨晨一向很固执，对自己认准的事情决不回头。如果不如意就发脾气，甚至没理由地哭闹。妈妈对此十分头疼，总是提防着他的坏脾气爆发。

妈妈常常对朋友说：“我家晨晨一般都很乖，就是脾气一上来怎么劝都不行，真是软硬不吃。”有一天，一位朋友说：“他总是有原因的吧？不会无缘无故就哭闹吧？”

妈妈留心观察，果然发现晨晨总是在自己不耐烦或有恼怒表情后开始“发怒”，而且纠缠不清。妈妈翻开一些育儿书来看，其中讲到孩子对归属感的寻求，不禁有些醒悟。也许晨晨看到母亲生气，会想到妈妈不再爱他了，所以有危机感，因恐慌而暴怒。

正所谓，只有对症下药，才能药到病除。有一次晨晨又发脾气了。这次妈妈没有训斥他，或表现出厌烦的情绪，而是和颜悦色地拥抱着晨晨说："妈妈知道你心里难过，能不能告诉妈妈为什么难过呢？"如此问了一会儿，晨晨终于吞吞吐吐地说："我看你刚才生气，以为你不喜欢我了。"

"傻孩子，妈妈怎么会不喜欢你，刚才妈妈情绪不好，所以对你态度也就不好了。可是妈妈是喜欢你的，你要相信妈妈。"这样以后每当晨晨有迹象要发怒时，妈妈就向晨晨声明她喜爱晨晨。这的确使晨晨平静了许多，不再没完没了地耍脾气了。

以上故事表明了，孩子发脾气总是有原因的。无论是"我"的当众"撒泼"，还是晨晨的情感失落，都是有因可查的。晨晨的母亲在发现了孩子发脾气的原因是因为孩子担心自己忽视了他而发脾气之后，很快地找出解决问题的办法。然而我的母亲明明知道我发脾气的原因就是为了一个唐老鸭书包，却置若罔闻，甚至不惜拳脚相加呢？其实现实生活中，并不是所有的母亲都能像晨晨的母亲那样明智，而更多的是像我的母亲那样无动于衷，然而这才是问题严重性的根本所在。当然我说这样的话，并不是表明妈妈不疼爱我、不喜欢我。而是希望通过这件事情阐明一个道理，母亲对待发脾气的小孩，不能任性为之。

因为当我哭嚷着一定要唐老鸭书包时，而我心里却一直在想，如果妈妈能上前紧紧抱着我，给我擦去眼角的泪水，哪怕再对我说一句"谎话"，我也就不再"无理取闹"了。但是妈妈并没有像我所期望的那样做，而是雷霆大怒地狠狠揍了我一顿。

所以当孩子发脾气时，做母亲的应该保持冷静。用母亲博大而深沉的爱去体贴、关注孩子，并亲切地告诉孩子说，妈妈爱你，妈妈会尽力地满足你的所有需要。

孩子发脾气并不是一件多么不得了的事情，可是不知道为什么，偏偏就是有很多母亲不能很好地处理。结果把事情越弄越大、越弄越糟糕。为了帮助母亲解决孩子发脾气的问题，下面我们将简单介绍几个办法。

1.母亲不要在孩子面前发脾气

当母亲火冒三丈时，要注意孩子很可能会模仿这种处理问题的方式。如果母亲动辄勃然大怒，又怎能期望孩子控制好情绪呢？因此为了培养孩子良好的性格，不乱发脾气，母亲一定要以身作则，为孩子创设一个良好的家庭环境氛围，让孩子保持积极情绪，学会控制不良情绪的爆发。

2.母亲不要把问题夸大化

有的母亲，每见孩子发脾气时，就顺带把孩子父亲也牵涉进来。例如指责父亲没有教育好孩子、孩子爱发脾气的习惯都是遗传了父亲的毛病等。那么接下来的事情就可想而知了，不是父亲和母亲大干一场，就是父亲拂袖而去，最可怕的就是父亲离开时，扔下“有本事，你把孩子打死算了！”这样冷酷无情的话。所以当孩子发脾气时，母亲千万不能把问题夸大化，否则后果不堪想象。

3.母亲应该给孩子“把脉”

孩子发脾气的原因是多种多样的，所以当孩子发脾气时，母亲就应该学会给孩子“把脉”，辨认出导致孩子发脾气的根源所在。只有这样才能做到“对症下药，药到病除”。

4.母亲给孩子吃一颗“开心丸”

孩子发脾气时，一般心情都很糟糕，这时母亲除了表示对孩子的理解和关怀外，还要想办法给他吃一颗“开心丸”，这样孩子就会破涕而笑了。

有一个女同学高考落榜，心情十分沮丧，便无端地发起了脾气，结果招惹了很多同学围观。这时母亲只说了一句话，女儿便笑开了花。

围观的同学问道:“阿姨,她怎么了,发这么大脾气?”

母亲笑了笑说:“她被名牌大学录取了,这是高兴得手舞足蹈呢。”就这样,母亲轻而易举地化解了女儿当众发脾气的窘境。

5.及时发现,趁早遏制

发脾气犹如发病,事先都会有所征兆。所以母亲一旦发现孩子有发脾气的苗头后,就该鼓励孩子把心中的不快倾吐出来,并给予合理的劝慰和引导,帮助孩子“化险为夷”。

6.为孩子创造合适的机会,让孩子发脾气

中医理论说:“病者多痛,实则不通。”孩子适度地发脾气可以宣泄内心的情绪,有助于帮助孩子建立良好的心态。但是发脾气一定要注意场合。因此母亲可以为孩子积极创造一些发脾气的适当环境。例如,当发现孩子可能发脾气时,就带他去卡拉OK,让他尽情地歌唱。或者带他去跑步、打保龄球,这些都是不错的发泄方式。

发脾气是孩子的权力,母亲容忍孩子发脾气,也是对孩子关爱的表现。开明的母亲通常不会谈孩子发脾气而色变,而是能够积极引导、鼓励支持。当然这些必须建立在不对他人造成影响的基础上。

母亲是孩子体内的天使

一位著名作家说:每个人的体内都藏着一个天使和一个魔鬼。如果把孩子的叛逆比作是魔鬼,那么母亲就是孩子体内的天使。

当魔鬼出现的时候,只有天使奉献出无限的爱和宽容才能帮助孩子战胜魔鬼，重新树立对生活和学习的信心，赢得最终的胜利。如果天使只会一味地泼冷水，或者采用强制的手段，给予压制，那么天使也将如同魔鬼一样可怕了。

所以作为一个好妈妈就要懂得：在孩子出现逆反心理的时候，最需要的其实就是妈妈的理解、帮助和爱心。

15 岁的余燕正处在青春叛逆期，她反抗、易怒，对一切看不顺眼的事物都极力反对、逃避，把母亲的教导当做耳边风。

一天下午放学，余燕从外边回来，招呼也不打一声就一头钻进卧室，呆坐在书桌前百无聊赖地随手翻着书本。就在她越翻越烦的时候，却突然发现在台灯底下压着一张粉红色的便笺。

她小心翼翼地打开，上面写着："燕子，妈妈了解你对目前的生活感到不顺心和失败。我知道做母亲的不一定什么都对，但是我对你的爱是全心全意的，你所说的、所做的任何事都不能改变这一点。不管任何时候只要你想找我谈谈，我都随时欢迎。请记住，无论你身在哪里、做什么事，我都永远爱你，更以拥有你这个女儿而感到骄傲。爱你的妈妈。"

在以后的生活中，当余燕的情绪波动时，她的书桌总会出现一封粉红色的便笺。这样的便笺，一直伴随到她长大成人。

一般情况下，人的逆反期，主要分为三个阶段：一是孩子咿呀学语的学前期，二是孩子走向成熟的青春期，三是更年期。作为孩子首任启蒙老师的母亲，应该如何对待处于叛逆期的孩子呢？

1.冷静、理智

学前期的孩子，他们的叛逆主要表现在自己动手能力的加强。他们反对母亲为他所做的一切事情。母亲都有这样的感受，孩子长到蹒跚学步时，就特别喜欢自己穿衣、吃饭。虽然穿不好却是乐此不疲。虽然有时候把饭粒弄得满身都是，但是孩子却乐在其中。另外，这个时期的孩子不喜欢被别人抚摸。

青春期是孩子从少年到青年的一种过渡，是一种逐渐迈向成熟的标志。他们在这个时期会慢慢地形成自己的固定思维和行为准则。这个时期他们的叛逆主要表现在张扬自我，其主要目的是做给父母亲看的，意思好像是说，我有我的准则，请不要干涉我。

遇到这种情况，母亲一般会心怀不满，通常会用自己的权力来压制孩子。其实这样的做法是欠思忖的。科学明智的做法应该是提醒自己保持冷静，等孩子发泄之后，再进行沟通。孩子叛逆时，言语和行为会犹如暴风雨，不懂得控制自己。但母亲是成年人，应该懂得何时该保持冷静和理智。

2.不要置身事外

许多母亲面对孩子的叛逆时，都是以旁观者的角色出现在孩子的视线里，其实这样就疏远了母亲与孩子之间的距离。对孩子而言，此时的母亲就像一位布道者，所以根本走不进孩子的内心世界。

也许很多妈妈都觉得自己是对的，孩子应该听从她的。因为她所做的一切，都是为了孩子好。然而母亲们却忘记了一个至关重要的问题，那就是孩子有自己的思维方式和处理问题的方式，所以妈妈应该转变一下角色、身份，把自己融进孩子的体内，耐心聆听孩子的想法，从感情上、从具体事件上与孩子达成一致，只有这样才能对孩子的健康成长起到帮助作用。

3.多用反问句和自己对话

妈妈在和孩子交谈中，一般喜欢使用肯定句或祈使句，例如：我认为你应该怎么样、我希望你能这样做、你必须要这样做等等。其实这样只会加重孩子的叛逆情绪。所以善于教育的母亲遇到孩子处于叛逆期时，会经常“三思而问”。意思是说，母亲和孩子交流沟通时所说的每一句话，都要在脑海中经过仔细考虑。如果能不说的就尽量不说，能少说的就尽量不多说。也许有人会问，倘若这样“夹着尾巴”做妈妈，是不是太失败了。其实不然，妈妈在孩子眼中永远是值得尊敬和爱戴的好妈妈！同时也正因为如此，做母亲的才更要经常反问自己，有没有说错话，有没有做错事。尤其对处于叛逆期的孩子，更需要如此。

4.教育艺术化

亲子教育是一门艺术，母亲在实施教育孩子的过程中，无论是说服教育，还是批评教育，都要注意方式方法，争取用艺术化的方式给予孩子教育。

有些母亲看到孩子犯错误就是一顿猛烈的抨击，这样只会刺伤孩子的自尊心而使其产生逆反心理。如果母亲先对孩子的优点给予肯定和表扬，再指出不足和错误之处，孩子的自尊心得到了满足就会乐意接受和改正。而且这样的教育也能起到事半功倍的效果。

5.化虚为实，弄假成真

青春期的孩子，在性方面开始有所萌动，因此就出现了令很多母亲头痛不已的“早恋”问题。为此母亲就和孩子之间展开了一场激烈的围追堵截的攻击和反攻击斗争。母亲刚用一招“步步为营”，孩子就采取了一招“瞒天过海”，结果一场斗争下来双方都是精疲力竭。最后母亲万般无奈，又只得使出家长权威的杀手锏，三令五申地要求孩子不要早恋，否则就如何如何处置。

曾听过这样一个故事：一位母亲对儿子放狠话说：“如果再让我发现你和她有交往，你就从此不要再进我这个家门，我们的母子关系也从此恩断义绝。”儿子听完这番话之后，当晚就离家出走了。害得母亲苦苦寻了数日，才在一间破旧的出租房内找到了儿子。

儿子见到母亲时，说的第一句话就是：“对不起，我不知道现在该如何称呼您了，因为我和她仍然有交往。”

听到这句话，母亲的心跟针扎了似的疼痛，她知道眼前的一切都是自己一手造成的。于是流着泪，把儿子紧紧抱在怀里，悔恨交加地说道:“妈妈的傻儿子,都是妈妈的错,跟妈妈回去吧,妈妈再也不阻止你们交往了。”

儿子跟母亲回家之后,他和女朋友交往没多久,竟主动分手了。因为在妈妈的恐吓和监视中,他们的感情就像“烟笼寒水月笼沙”一样的美妙,可是真的当他们堂而皇之地交往之后,就彼此发现了对方的不足和缺点,最后两人都无法忍受对方,而走上了分手的道路。

这个故事表明与其强制阻拦, 倒不如“化虚为实, 弄假成真”的效果来得显著。如果母亲能以有情、有理、有据的说服、劝导,再加上具体事例改变孩子的理想化思维,那么说不定效果可能会出人意料的好。

春风化雨助成长

盛夏的一天午后,突然狂风肆虐,接着就是一阵电闪雷鸣,随之倾盆大雨便由天而降了。疾风骤雨过后,老宅子后院的几株果树,仿佛遭受了灭顶之灾一般。昔日的铜枝铁干,被拦腰斩截,凄惨惨地躺在了污水中。初生的果子,还没来得及成熟,就夭折了,落了满地都是。还有那片片翠绿,而今也是“娥眉淡扫胭脂污”,那年夏天我们没有收获丰硕的果实。转眼已是肃杀之秋,那些果树终于没有重新活过来的迹象。于是唯有怀着缅怀和不忍之情,把它锯断了。当晚我们就用这些果树劈成的柴火,做了一顿饭。用餐时,竟然在饭菜中,尝到了果实的芬芳。

看完这段文字,不禁令人想到了有关孩子教育的问题。中国有着悠久的历史文化,而祖先留给我们的同时也是流传最广的教育方法就是“树不修不成料，儿不打不成才”、“慈母多败儿”、“棍棒底下出孝子”等充满了暴力的经验总结。

其实教育孩子仅靠粗暴的打骂是达不到目的的，就像老宅中的果树，在疾风暴雨的洗礼下枝残叶落，最后颓然殒命。如果对待孩子也是如此，那么就会促使孩子养成说谎、冷漠、孤僻、仇视、攻击等心理问题。同时也会为孩子日后做出不良行为，甚至走上犯罪的道路埋下了隐患。并且也可能造成孩子出走、自杀等终生遗憾的事情。

小米出生在一个富贵殷实的家庭。按理说，他的生活应该很幸福。可是当他谈起自己的母亲时，却表现得异常漠然，仿佛是在说一个和自己毫不相干的女人一样。

妈妈生下小米之后，就出国留学了。小米就跟着外婆一起过生活。外婆时常拿出母亲的照片，告诉他说，照片里的女人是妈妈。于是小米就牢牢地记住了照片里的女人。

小米有一次生病，住进了医院。当他看到别的小朋友都有妈妈陪护时，他就在心底暗自呼喊着：“妈妈！妈妈！我想你。”可是他知道妈妈远在万里之遥的大洋彼岸，此时妈妈是不可能陪在自己身边的。于是他的鼻子微微地有些酸。外婆紧紧地把他搂在怀里，轻轻地哼唱着那首熟悉的摇篮曲。

“妈妈最爱小米了，妈妈肯定会回来的。”外婆说。

小米趴在外婆的肩头，怀疑地问道：“妈妈爱小米，为什么不回来看望小米，她的小米生病了，小米想妈妈了。”

晚上妈妈打来电话，小米本想跟妈妈好好倾诉一番。可是当他刚接到电话时，电话的另一端就传来妈妈严肃的声音说道：“我是妈妈，小米你认真地听着。你是男孩，也就是男子汉。你要坚强，要做一名顶天立地的男人。”说罢，电话就挂断了。

小米僵直地站在那里，两行眼泪像断了线的珠子似的，纷纷滚落了下来，耳边仍然回响着电话挂断时的“嘟嘟”声。

外婆立刻走上前去夺过电话，一把把小米抱在怀里，小米躲在外婆的怀里失声痛哭了。

三年之后外婆因病去世，小米才回到妈妈的身边。当时小米曾幻想着很多浪漫的事情，想和妈妈一起分享。但是妈妈却从没给过他任何一次机会。

妈妈生日那天，小米特地买了一盒蛋糕，还精心准备了一份礼物，想送给妈妈。晚上九点钟了，小米给妈妈打电话，让她快点回家。妈妈在电话中就训斥他说："你都这么大了，难道没有妈妈就不能自己生活了吗？"说完就挂断了电话。直到深夜，妈妈才回家，那时小米已经趴在桌子上睡着了，手里攥着一份美丽的生日贺卡。

有一次，小米学骑自行车不小心摔伤了。妈妈赶到医院，付了医药费说："下次学骑单车要小心，别再把胳膊摔折了。你的膝盖只是擦破了皮并无大碍，就自己回家吧。"说罢塞给小米20元的打车费，然后径自离开了。

从此后，小米就变得很孤僻，他不愿意和任何人接触。

中考结束后，小米没有达到重点高中录取分数线，妈妈就骂他无能。小米也不反驳，只是把自己关在屋子里，静静地蜷缩在一角，默默地注视着远方。有时候，妈妈不叫他吃饭，他就宁可一直饿着，也不肯自己做饭吃。

一天早上，窗外飘起了蒙蒙细雨。妈妈因身体不适，便休假在家。她叫小米冲牛奶来喝，可是小米一不小心，却把冲牛奶的杯子摔破了。妈妈勃然大怒，大骂道："你还有什么用呀！考试不过关，连冲牛奶也要把杯子打碎，你要是不想在这个家生活就趁早滚开。"说着，妈妈就把小米往屋外推。

两人在推推搡搡中，小米一用力，竟然把妈妈推倒在地了。这下妈妈可火了，她站起身子，拼了命地把小米往外赶。

门外的雨越下越大了。雨水浇在小米的身上，冷飕飕的。他高昂着头，仿佛依稀看到了外婆。就在这时，小米突然发疯了似的，咆哮着冲进了屋子，时而暴跳如雷，时而战战兢兢。后来医生告诉母亲说，小米是因为长期处在压抑的状态下，而造成了失心疯。

现在母亲悔不当初。她虽然接受了西方先进的科学文化教育，但是在教育孩子上仍然贯彻着"慈母多败儿"的思想。她认为母亲就是要严厉，否则就不能教育出好孩子。因此，在家里她时刻保持着一副冷若冰霜的面孔，对待小米更是动辄出言讽刺，大打出手。结果在母亲的愚昧无知下，一步一步地酿成了小米的悲剧人生。一个花季少年就这样被无情地摧残了。

这个故事中的小米，不能不说是个可爱、懂事、乖巧的好孩子。可是，由于长期得不到母亲的关爱，所以他的性格一天一天地发生变化。如果母亲能多一份关爱，少一份打骂，也许小米将会幸福地享受生活的快乐。可惜的是，如今所幻想的一切，都只是假如而已。

看一看小米的悲剧，再看一看那棵倒下的果树。难道这些还不足以让那些冥顽不灵的母亲，及早地翻然悔悟过来吗？

曾经不止一次地说过，孩子是祖国的花朵。虽然孩子的成长需要历练风雨，但是决不能因此而对孩子施行粗暴的以及近乎漠视般的教育，而是应当犹如春风化雨，润物细无声一样地滋润孩子的心田，只有这样才能有助于孩子健康成长。

家庭教育是孩子受教育的重要组成部分，而家庭教育中，母亲的教育又是重中之重。"恨铁不成钢"是很多母亲的共同认识，所以为了促进孩子进步，她们就经常采用粗暴的方式教育孩子。为此母亲们还对这套教育方式做了一个比喻：孩子就好比一台机器，当机器发生故障时，如果好言相劝能解决问题，那还要维修工做什么？所以教育孩子最好的方法就是一打、二骂。

美国教育家说:对孩子进行打骂,是无知的表现。此话是正确的,因为母亲的打骂强权政策,虽然能让孩子暂时屈服,但是并不能从根本上解决问题。

有经验的老农,在庄稼出现干涸时,会采用滴水灌溉的方式,使水慢慢地浸透到土壤中。这样庄稼就能从根部吸取水分,从而保持了旺盛的精力。而那些大水漫灌的作物,虽然瞬间获得了滋养,但是并不能直接作用于根部,所以最终还是难逃一劫。其实教育如同此理,对待孩子的教育,还是和善、温柔些更有效。

孩子不是妈妈虚荣的砝码

中国人始终认为“母以子为贵”,意思是说,妈妈的尊贵来自于孩子的成就。所以很多妈妈为了能有一种高人一等的荣誉感,便不遗余力地促使孩子出人头地,甚至有些妈妈们为了孩子的教育可谓煞费苦心,一看到新学校的广告或者英才培训班的消息就闻风而动。

在妈妈的强烈要求下,孩子们不得不像机器人一样,机械而单调乏味地学习一些他们根本不感兴趣的科目。虽然现在大部分的孩子都多才多艺,但是却很少有孩子精通其中一门技艺。面对五花八门的培训班,如果孩子稍有微词,妈妈就会说:“这全都是为了你呀!”孩子只得无条件地服从妈妈。

每当这个时候,孩子们总怀疑妈妈的良苦用心,他们会在心底问自己:“妈妈这么做的目的,真的是为了自己,还是为了妈妈的虚荣呢?”答案不得而知。

不过可以肯定的是，有的妈妈经常心理很不平衡。当看到朋友或者姐妹嫁给一个有钱男人的时候，当看到别人装修新房子的时候，每到节假日看着别人出国旅行的时候，当看到和自己孩子年龄相仿的小孩，由于家庭富裕而衣着光鲜的时候，当看到别人家的孩子参加各类比赛而荣获大奖的时候，她们的心理都会非常不平衡。最触动这些母亲神经的，就是看到电视剧里的医生、律师、老板和职业女性等所谓的“白骨精”都过着富足自在的生活。别人在高档的西餐厅优雅地就餐，而自己却为了一元钱在市场上同人砍价，两相对比，真是别有一番滋味在心头。

在同别人的比较中，母亲的“恨”就会变成一种强大力量，要求她必须让自己的孩子尽快地成功起来，只有这样才能“翻身做主”过上令别人羡慕的生活，补偿现在的不满。不知不觉中妈妈迷失了自己，也扼杀了孩子的自由成长。

山野杏子是一位有着三个孩子的母亲。山野杏子在年轻的时候，就曾经渴望着将来成为一名出色的小提琴演奏家。因为当时家里比较穷困，而学习音乐需要很大的投入，所以最终她没有实现心中的愿望。随着年龄的增长，这个愿望也逐渐地被时光尘封了起来。

直到有一天，高中同学聚会，她在宴会上遇到了一位昔日的同桌好友，也就是现任东京歌舞剧团的一级小提琴演奏家。当同桌好友盛装出现在宴会上时，那热烈的掌声和无限的赞叹，都让她充满了无比的羡慕。她暗自说道：“我得不到的东西，一定要让孩子们帮我完成。”

回到家后，她立刻把孩子们召集在一起说：“音乐可以陶冶一个人的情操，净化一个人的心灵，所以为了培养你们的艺术修养，我决定让你们学习小提琴。”

孩子们使劲地点头。开始的时候，他们学得很认真，可是没过几天，孩子们就开始看母亲的眼色行事了。

有一天，又到了学小提琴的时间，他们总是磨蹭着不想去，互相交换着眼神。终于，小女儿雪枝鼓起勇气对妈妈说："我们一定要学小提琴吗？"

"你们不喜欢拉小提琴吗？"母亲反问道。

儿子正雄说："我们一点也不喜欢拉小提琴，而且也非常讨厌拉小提琴时的气氛，有这时间不如去做些其他想做的事情。况且我们也不喜欢教小提琴的老师。"

母亲用怀疑的神情又分别问了其他的两个孩子，她们都点头说："是的，我们不喜欢拉小提琴。"

"你们从什么时候开始不喜欢小提琴的？"妈妈吃惊地问道。

"其实，从一开始我们就不太喜欢。"孩子们说。

"那你们为什么不早说？"

"妈妈不是喜欢让我们学习小提琴的吗？"

听到此话，妈妈惊呆了。她一心希望自己的心愿能在孩子身上得到实现，希望有朝一日，孩子们能登上自己梦寐以求的舞台。可是她万万没想到，她的这一举动竟严重损害了孩子们的权利。那一刻，妈妈突然感到自己好自私，她竟把深爱的孩子当做了实现愿望的砝码。于是妈妈满怀羞愧的心情，默默地望着孩子们，希求他们的原谅。

然而孩子们看妈妈没有说话，就以为是自己的话刺伤了妈妈的心，于是他们不安地说："妈妈，如果您想让我们学小提琴，我们会接着学的。"

听着孩子们的话，妈妈的眼泪忍不住流了下来。孩子们希望妈妈总是开开心心的，即使不喜欢做的事情，为了妈妈他们也会去做。

"妈妈对不起你们，妈妈不该让你们学习自己不喜欢的东西。从现在开始，你们就不要再学小提琴了。"

孩子们听到这个消息之后，欢呼雀跃着高声喊着："妈妈万岁！妈妈我爱你！"然后犹如出笼的鸟儿一般，飞出了门外。

虽然这只是一件小事，但是通过这件事山野杏子终于明白了一个道理：作为妈妈应当给孩子指明方向，但是不能强迫他们去做什么，更不能把他们当做赢取自己虚荣的筹码。

其实现实生活中，很多妈妈都有这样错误的认识，不管什么，孩子只要认真去做，就一定可以成功。因为现在孩子还不知道应该怎么做，所以应当由妈妈决定。实际上，这是一个很危险的想法，当然认真做事情是没有错的，但是这件事情应当由孩子去选择、去决定。

总之在要求孩子做什么之前，一定要考虑这件事孩子喜欢做，还是不喜欢做，不要自以为对孩子前途有好处而将自己的意愿强加给孩子。因为如果妈妈一味地强迫孩子做不喜欢做的事，孩子就会产生抵触情绪，最终的结局只能是妈妈心力交瘁、孩子疲惫不堪，而且家长和孩子之间的关系还可能出现裂痕。

妈妈不是监控器

孩子的成长总是需要经过无数次的历练，母亲应早给孩子锻炼的机会，让孩子多经历一些事情。作为母亲，应该丢掉成年人的主观意识，以孩子的眼光来理解他们的世界，并给予适当的引导，使他们通过自己的经验学到知识。

如果母亲站在成人的立场，用成人的思维方式为孩子分析问题指明方向，告诉他们如何去做，不给孩子任何锻炼的机会，那么母亲只是一个“监控器”罢了。这样的教育是很难让孩子接受的，也会让孩子受到极大的伤害。

法国著名思想家卢梭说：“为了使一个孩子能够成为明智的人，就必须培养他有自己的看法，而不能要他服从我们的看法。”

有这样一位母亲，从孩子出生后，就寸步不离地坚守在孩子身边。

当孩子与小朋友玩的时候，她就看着孩子怎么玩；当孩子学习的时候，她就把电视关掉，坐在孩子旁边监督孩子学习；当孩子需要休息的时候，她就给孩子规定时间，不让孩子过多地休息。在这位母亲的努力下，孩子在班里的成绩名列前茅，成为母亲的骄傲。

但是当孩子要参加高考之际，这位孩子却失踪了！

被找到的孩子这样回答：“妈妈对我的爱太沉重了，我感觉自己总是被她监视着，一不小心就会做得不好，我很害怕自己考不了好成绩。”

由此可见，这位母亲在不知不觉中扮演了孩子“监控器”的角色。她总是监督和掌控孩子的各种行为，生怕孩子做出一些不同寻常的行为。而这种监视却让孩子的心理承受了巨大的压力，对孩子来说并不是他所需要的。

明智的母亲只是在孩子需要的时候陪伴孩子，在孩子忙于自己的事情时，则给予孩子充分的自由，让孩子自己安排他的时间。这样每个人都有自己的空间，相处起来才会比较融洽。

如果母亲管得太苛刻，只能促使孩子产生逆反心理，出现相当严重的对抗行为。出现这样的结果是每个做母亲的都不愿意看到的，所以应该及早地采取措施。

1.和谐的氛围

在家庭中，母亲和孩子不仅是母子关系，更要像一对好朋友、好伙伴一样，彼此间相互信任、相互理解。无论是快乐，还是悲伤，都要拿出来大家共同分享。

2.他们不是小孩子

小孩子最讨厌的就是大人们把他们当做小孩子看待。因为当孩子到了一定的年龄，他们的自主意识和独立性都会增强。如果，母亲这时把孩子当做小大人一样，给以他们“共商家事”的大权，那么他们一定会非常快乐，并且也有助于提高孩子处理事务的能力，对孩子今后的成长有重要的作用。

3.控制情绪

孩子情绪多变，而且较为任性。母亲可以在适当的机会，教育孩子如何掌控自己的心情。让他们学会，在突发事件的面前，要猝然临之而不惊，无故加之而不怒，只有这样将来才能取得成功。

4.不以“是”喜，不以“非”悲

有一位哲学家说，犯错是孩子的特权。所以面对犯错的孩子时，母亲一定要沉着冷静，切不可因一时之“是非”而态度蛮横。更不要因孩子犯了一点点错就悲痛不已，因孩子取得一点点成绩就喜不自胜。母亲应该对孩子时刻保持一颗平常心态，耐心教育。

5.鼓励为主，批评为辅

任何一个孩子都喜欢被母亲表扬和夸奖，然而现实却恰恰相反，很多母亲都习惯对孩子进行批评、责怪，结果导致了孩子和母亲之间的距离越来越远。如果换一个角度行事，也许母子间的关系会更上一层楼。

6.少说空话，多摆事实

事实胜于雄辩，让孩子在事实面前认识自己的过错，改正自己的过错。总的来说，对这一时期的孩子进行教育的原则是：少说空话，多摆事实。例如母亲可以给孩子列举名人故事，让孩子从中受益，并认识到自己的错误，从而达到教育孩子的目的。

总之，母亲扮演孩子的“监控器”，不是教育的好方法，好的教育方法应该是给予孩子成长的自由，并灵活多变地帮助孩子解决成长中的各种问题。只有这样孩子才能快乐成长，健康成才。

妈妈不是留声机

很多母亲在家庭中，往往表现得唠唠叨叨，没完没了。结果不仅是自己嘴上抹石灰——白说，而且孩子还心烦意乱，什么都没有听进去。此时有的母亲，就开始变文明为“野蛮”，跟孩子动起手来了。最后，就闹得母子之间犹如“敌人见面”分外眼红。

其实根据心理学研究表明，老调重弹、反反复复说同样的话，会让人产生一种习惯性的模糊听觉，也就是明明在听，却根本进不了心里去。这是长期重复听同样的声音而产生的一种心理上的不在乎。所以做母亲的，不要老是责怪孩子不听话，有时也该静下心来想想，自己是否真的太唠叨了。

有一位母亲怕孩子不用心学习，不仅在家从早到晚提醒学习的事，而且和孩子一起上街时也不忘随时随地地进行现场教育。看见大街上蹬三轮车的脚夫，就告诉孩子你将来不好好学习就要像这样风里来雨里去；看见乞讨的，就说你不好好学习，将来也会这样，害得孩子以后不愿再与她一同上街，而且越来越自卑。孩子本想主动学习，但母亲越说他越不想学，最后家和母亲成了他的痛处。

还有的母亲时常指责孩子：“你究竟要让我说多少遍，你才能认真学习呀！”或者说：“就你现在的成绩，凭什么考重点大学。”等等。诸如此类话语，翻来覆去，从年头说到年尾，成天回响在孩子的耳朵里。有个孩子说：“我每天做梦都是妈妈在絮叨。”试想一下，倘若这些话每天盘旋在母亲自己的耳边，又会是什么反响呢？别说是孩子不爱听了，恐怕就是自己也会不耐烦，大呼“我受不了啦”。

香港著名导演刘镇伟执导的电影《大话西游》中，婆婆妈妈的唐僧，不就是用这些“臭婆娘裹脚布”一般的絮叨，最后把两个妖精逼疯的吗？当然做母亲的对孩子是“一片冰心对玉壶”，真可谓是苍天可鉴。但是如果每天喋喋不休，那么吊死的两个妖精就是孩子们的前车之鉴。也许有人会认为，我说这话是危言耸听，可是如果细心观察，就会发现现在的孩子是不是动辄离家出走，或者以死相逼呢？其实，这些事情的发生与母亲无休无止的絮叨有着千丝万缕的联系。美国一位著名教育家说：唠唠叨叨只会令孩子讨厌，老调重弹不会起到任何教育作用。

如果孩子犯了错误，或者想要督促孩子努力学习，其实除了絮叨之外，还有更好的解决方法，那就是和孩子一起参加有意义的活动。

与其喋喋不休地向孩子强调一些大道理，不如选择一些有意义的活动让孩子去参加，通过活动来寻找更合适的沟通话题，加强与孩子之间的沟通，促进母子之间的情感交流。

一位著名作家说：“很多时候我们喜欢头疼治头，脚疼治脚。孩子学习不好，就拼命地补课。其实活动往往会使大脑动起来，在丰富多彩的活动中，更容易激发孩子的学习兴趣，找到孩子的兴奋点。”

沃伦特太太有四个孩子，而这四个孩子没一个肯用功读书。每当沃伦特太太刚要开口劝他们好好上学时，他们就抢先一步说：“妈妈，你是不是想说，‘书籍是人类进步的阶梯！’”然后，就各自跑回房间了。

有一天，沃伦特太太决定带着四个孩子去滑雪，希望借此机会能让孩子受到启发，并增进母子之间日益疏远的感情。

到了滑雪场，孩子们一下子兴奋起来，他们或是讲自己的滑雪故事，或是表演自己的滑雪技术，或是练习如何滑雪，场面非常活跃，孩子们玩得不亦乐乎。

在回家的路上，沃伦特太太问孩子们有什么收获。孩子们的话题一下子多了起来。

达林说："原来滑雪这么锻炼身体啊！我满身是汗，感觉还很开心。"

乔治说："我今天明白了什么是王者风范。真的，在滑雪场上，看到你们不会而我滑得那么好的时候，内心真的很骄傲，平添了一份自信，感觉自己原来也可以把事情做得那么好。"

吉米说："今天是我第一次学滑雪，在滑雪的过程中，我真的是一点也不敢懈怠，可以说是全神贯注呀！如果做其他事情也能这样认真，没有做不好的。"

桑杰做了总结性发言："最大的收获是在玩儿中学，大家快乐地学习滑雪，还领悟到了妈妈今天带咱们玩儿的深意。"

"噢，我带你们来有什么深意呢？不就是玩玩吗？"沃伦特太太笑着说。

孩子们七嘴八舌地说，妈妈的意思是让我们通过学习滑雪，知道学习也可以像滑雪一样。跌倒了。爬起来；站直了，不趴下，让我们在学习的过程中，品尝到一点点进步的滋味；让我们学习的时候，也能像学滑雪一样集中精力、全力以赴。

看到了没有，这就是活动的魅力。在活动中，孩子们自己体会到了该怎么做，一点都不用他人提醒。沃伦特太太说："孩子们终于又回到了我身边，而且还深刻地领会了我的良苦用心，我感到十分欣慰。"

通过这个故事，真心地希望，所有的母亲都能像沃伦特太太那样，有机会带着孩子多参加一些有意义的活动，让孩子在活动中真切地感受家庭教育的快乐，感受妈妈的用心良苦，从而好好学习，天天向上。

当然，除了参加活动之外，母亲还可以通过改变说话方式，取得不错的效果。例如，有的孩子没有做完作业，就急着看电视，母亲通常会絮絮叨叨地说："没做完作业，就不准看电视。每天就想着看电视，怎么没见你上学这么积极呀！从今以后不准你看电视，除非你学习成绩提高了……"

这样说只会对孩子造成伤害，而且还会激发孩子对学习的厌烦情结。但是如果母亲换一种方式，那么效果就大不一样了。"好好做完作业，就能看电视了。"这样一来，孩子就能以极大的热情，投身于做作业中去了。

因此，在家庭中母亲不要整日就像留声机一样，循环往复地重复一句话，这样对孩子的成长是百害而无一利的。一切为了孩子，请从"口"做起吧！

无穷的力量来自于榜样

苏联著名教育家马卡连柯曾经讲过："一个父母对自己的要求，一个父母对自己家庭的尊重，一个父母对自己每一行为举止的注重，是对子女最首要的，也是最重要的教育方法。"所以在日常生活和学习中，母亲要时时刻刻严格要求自己，事事起榜样作用。一定要让孩子做到的，父母亲自己要先做到。因为无数事例证明，孩子最初的行为习惯都是从父母身上学来的。因此父母要特别重视自己对孩子的巨大影响作用，时时处处为孩子树立榜样。

有一位母亲经常抱怨自家孩子"贪玩"、"淘气"、"不好好学习"。有一次，因为女儿英语考试不及格，妈妈就狠狠地"收拾"孩子，打得孩子哇哇大哭。邻居实在忍不住了，就过去批评她：“你整天让孩子好好学习，可你自己在做什么呢？你每天晚上招集一群人打麻将，却让孩子做作业读书，她能用心学下去吗？”尽管邻居言辞激烈，但母亲却一声没吭。从那以后，邻居再也没有听到她打骂孩子的声音了，而且连麻将声也消失了。

还有一个孩子跟妈妈一起坐公共汽车，孩子发现一个小偷在伸手掏别人的手机，孩子对妈妈说：“妈妈，那个人在偷别人的手机！”妈妈看了一眼偷手机的人，对孩子说：“别瞎说，那个阿姨跟人家闹着玩儿呢。”

上述的那位母亲知错就改，为孩子树立了好的榜样，可谓是“亡羊补牢，为时未晚也”。然而那位颠倒是非黑白的母亲，却无情地扼杀了孩子敢于见义勇为的精神。虽然母亲的出发点是好的，她害怕小偷对她们实施报复，但是她却混淆了是非，这将对孩子的成长造成十分不利的影响。

正如俄国伟大的文学家托尔斯泰所说：“教育孩子的实质在于教育自己，而自我教育则是父母影响孩子最有力的方法。”试问，一个不懂得事理的母亲，又怎么能教育好孩子明辨是非呢？一个不善于自我学习的母亲，又怎能让孩子用心读书呢？

张炳惠女士是韩国著名的教育家，她在对待子女的教育问题上，就十分注重榜样的力量。她在希望孩子们做什么事之前，总是自己先起到表率作用。她每天晚上都要学习到很晚才去休息，在她的影响之下，孩子们都很自觉地用功读书，最后她的三个孩子全都考取了世界知名大学。

她始终坚持认为，与其苦口婆心地说服孩子，不如妈妈先给孩子做一个表率，让孩子自己去体会妈妈的良苦用心。作为母亲，不能只考虑孩子怎样做才能长大成才，还应该考虑自己如何做才能成为孩子的榜样。

因此每当听到母亲抱怨孩子的时候，其实母亲应该先反问自己：让孩子好好学习，自己好好学习了吗？让孩子天天向上，自己天天向上了吗？让孩子刻苦用功，自己刻苦用功了吗？让孩子排前几名，自己上学的时候排前几名了吗？让孩子必须有出息，自己有出息了吗？让孩子遵纪守法，自己遵纪守法了吗？如果连自己都做不到，或者不想做的事情，那么就趁早不要让孩子去做。因为美国教育家克莱尔曾说过："如果你自己都不准备去有所成就，你也不能期望你的孩子去做什么。"

一个孩子的学习态度如何，道德品行如何，与其母亲的榜样作用有着直接的联系。有句古话说：龙生龙，凤生凤，老鼠孩子会打洞。意思就是说，有什么样的父母，就有什么样的孩子。社会心理学家研究表明，奸诈的母亲，一定会培养出阴险的女儿；自私的妈妈，一定会培养出见利忘义的儿子。虽然这样的看法有些绝对，但是却足以说明了母亲在孩子教育中的重要作用。

狼孩儿的故事很多人都听过。请问，一个由人类产下的婴孩，为什么被狼抚养长大之后，就具有了狼的习性，而且还会像狼一样地吼叫？如果从遗传学上分析，狼孩儿体内流淌的是人类的鲜血，狼孩儿的基因也遗传于人类，那么他就应该像人一样地活着。可是事实并非如此，根据科学研究，狼孩儿的形成，就是因为他接受了狼族的教育，他耳濡目染了狼族的生活。所以最终改变了习性，变成了狼孩儿。

由此可知，倘若母亲不能给孩子树立一个良好的榜样作用，那么势必会对孩子的成长造成不利影响。正如上述中，不辨是非的母亲，难道她还能渴望将来有朝一日，儿子能成为见义勇为的英雄吗？可以肯定的是：绝对不能。

因为怯懦者只能造就怯懦；自私者只能造就自私：仇恨者只能造就仇恨；消极者只能造就消极。而只有那些善良者才能创造善良，英雄者才能创造英雄。所以为了孩子们一生的幸福，让天下所有的母亲都来给孩子做好人生的榜样，让孩子来学习吧。

母亲作为孩子最早的启蒙教育者，对孩子的教育影响也最深远。母亲若想成功地教育自己的子女,必须以身示范,做孩子的榜样。以下就是做榜样需遵守的三个原则:

1.弃恶从善,从我做起

榜样的作用是巨大的,所以在给孩子做榜样的时候,一定要坚持从善从良。电视中有一则公益广告片拍得相当成功。一个小孩不经意间看到了妈妈给奶奶洗脚的场面。然后小孩子就端了一盆满满的水，摇摇晃晃地走到了妈妈跟前说:“妈妈,洗脚。”这个广告很短暂,区区数秒,却把中国传统美德凝聚成了动人的画面。而透过这个画面,所展示出来的则是母亲榜样的力量。榜样有好坏之分,母亲在孩子面前,一定要三思而行。什么该做,什么不该做,一定要分清楚,万不可把一些不良的行为传给了孩子。

2.说到做到,身随言行

在家庭教育中,母亲经常会对孩子说应该这样做,不应该那样做来规范孩子的言行。可是这种空洞的说教所起的作用往往微乎其微。因为一言不如一行,与其说一百句,都不如脚踏实地地做一事。

3.轻诺者寡信,孩子不可欺

母亲一旦答应了孩子的事就一定要兑现，兑现有困难的事不要轻易许诺。如果母亲经常说话不算话,就会降低在孩子心目中的可信度。孩子对母亲的崇信、敬仰与爱戴,就会由此而减弱。再者,如果作为母亲经常说话不算话,孩子也会下意识地效仿,对自己说出的话不负责任,长此以往孩子就成长为一个缺乏诚信和不负责任的人。

综上所述,在孩子成长的过程中,母亲要给孩子做好榜样示范作用,让孩子时刻以妈妈为荣,时刻以妈妈为追求的目标和方向,正确地引导孩子健康幸福的成长。

走进孩子的心灵世界

第二章

孩子的心灵犹如五彩缤纷、色彩斑斓的童话世界。在他们的眼眸中，仿佛每朵花蕊里都生活着一位美丽的拇指姑娘；每一场宴会中，都会有王子与灰姑娘的邂逅。在他们的耳畔，仿佛每一声鸣笛，都是奏响的集结号；每一缕清音，都充满了神秘的魔幻。甚至，门之后、床之底，似乎都隐藏着一个未知的世界，这就是孩子的心灵世界。要想做孩子的朋友，就首先收起自己的评判标准，重新释放出那早已尘封的童真。只有这样才能做到心相约、心相连、心相牵。

教育孩子从“心”开始

女儿5岁时，妈妈带她去农村的外婆家做客，并在外婆家住了些日子。第二天吃早餐时，女儿弄撒了一点南瓜粥。按照家里的规矩，撒了食物是要受罚的，只能吃馒头和咸菜。女儿很爱南瓜粥，加上外婆非常喜欢这个乖巧的外孙女，所以给她的南瓜粥是经过特意调制的，此外还有上好的点心。女儿的脸红了一下，迟疑了一会儿，但还是没有吃南瓜粥。

妈妈假装没看见，外婆看到这种情况，沉不住气了，再三要她吃南瓜粥，可女儿还是不肯吃。外婆不明白她为什么不吃，就连哄带骗地说：“好孩子，外婆煮的南瓜粥可香甜了，来尝一口。”外婆说着就把南瓜粥端到她面前，可是女儿仍旧不肯吃。

过了好一会儿，女儿才解释说：“妈妈说，我弄撒了食物，就不能再吃饭了。”外婆坚持说：“没关系，放心吃吧，有外婆给你做主，你妈妈她不敢打你的。”

妈妈只顾低着头吃自己的早餐，装做什么都没看见。女儿见妈妈没有发话，就不肯吃饭。于是外婆就向妈妈发起了进攻。

这时，妈妈让女儿出去一下，然后向外婆说明了原因。外婆听罢，大吃一惊，说道："她才是一个5岁的孩子，你怎么能因为孩子犯了一点儿小过错，就不让她吃喜欢吃的东西，你的教育也太苛刻了吧。"

妈妈解释说："才不是呢，她并不是因为怕我才不吃的，而是因为从心里认识到这是约束自己的纪律，所以才不吃的。"可是外婆还是不相信，妈妈只好说："既然这样，那么我先离开餐厅，你们把她叫来，再劝她试试，我肯定她是不会吃饭的。"说完，妈妈就离开了。

外婆把女儿叫进去，热情地劝她喝南瓜粥、吃点心，但毫无作用。接着外婆又给她做了一碗蛋羹，拿出新点心对她说："乖孩子，快吃吧，你妈妈不会知道的。"

但女儿还是不吃，并一再说："就算妈妈看不见，但我自己还是能看见，我不能对妈妈撒谎。"于是外婆又说："人是铁，饭是钢，一顿不吃饿得慌。过一会儿我们就要去散步，你不吃东西，路上要挨饿的。"

女儿回答说："没关系。"外婆实在没有办法，只好把妈妈叫进来，孩子流着泪如实地向妈妈报告了情况。妈妈听完后对她说："好孩子，你对自己良心的惩罚已经够了。我们马上要出去散步，你把南瓜粥和点心吃了，不要辜负了大家的心意，过一会儿我们好出发。"女儿听妈妈这么说，才高兴地把早餐吃了。

读了这个故事，不由得让人陷入深思之中。一个年仅5岁的孩子，是什么力量促使着她如此严格地要求自己的呢？倘若不是妈妈劝她吃完早餐，想必她一定会饿着肚子跟大人们去散步。这个故事，不仅深刻地体现了妈妈的教子有方，同时也给所有人提出了一个严峻的问题，那就是妈妈如何做到这一点的呢？

正所谓，一把钥匙开一把锁。如果说母亲的教育方法是成功的，那么成功的奥秘就在于妈妈开启了女儿的心锁。

其实当大家看完这个故事以后，一定会和外婆的想法如出一辙。错误地认为，妈妈的教育是严格的，甚至是苛刻的。因为女儿毕竟才5岁。但是不知道大家有没有发现，不肯吃饭的关键在于女儿自己本身。

现实生活中，母亲也许都曾遇到过这样的情况。当孩子被另外一些亲人宠爱、呵护的时候，母亲的威信就会不由自主地打折。那么这究竟是什么原因造成的呢？

原因很简单。现在的许多年轻妈妈，高兴时对孩子不管不问，不高兴时又格外严厉，完全没有照顾孩子的感受，仅凭一己之好恶。换句话说，也就是母亲没有关注孩子的心灵，没有把握住孩子的内心，所以才造成了没外人在场的时候，孩子对母亲会言听计从，而一旦有外人在场时，她便把母亲平时的教育当成耳边风，抛在脑后了。

因此通过这个故事，我们真诚地希望，母亲在教育孩子的问题上，一定要抓住问题的关键，首先走进孩子的内心世界，只有真正了解孩子的想法和意图，才能制订出适合孩子的教育方案。同时在教育的过程中，一定要坚持始终如一，切不可三天打鱼两天晒网，一切随着自己的性子来。

德国著名诗人席勒说：孩子不会对未曾得到的东西感到不满足。不允许做的事，一开始就不允许，孩子也就不会觉得有什么痛苦了。

很显然，故事中的母亲做到了这一点，否则孩子也不会宁愿不吃饭，也不能坏了“规矩”。其实这也正是“攻人先攻心”的力量所在。

敞开心扉，拥抱幸福

在中国的家庭教育中，母亲一直扮演着高高在上的权威角色，她们喜欢对孩子发号施令。孩子稍有怠慢，她们就是一顿严厉的惩罚。因此就造成了孩子们对母亲的敬而远之。

根据美国家庭教育专家的研究表明，母亲对孩子敞开心扉，就能得到孩子的认同，从而可以促进亲子关系的进一步发展。但中国的母亲一般很少向孩子透露自己的内心世界，却希望孩子向自己袒露一切。这种不平等的关系往往成为亲子沟通的一道障碍。

事实上，母亲向孩子敞开心扉，正表现了对孩子的尊重和信赖。金无足赤，人无完人，母亲总以为向孩子敞开了心扉，就会让孩子发现自己的不足和弱点，这样在孩子面子就丧失了颜面。因此她们总是咬紧牙关，在孩子面前“守口如瓶”。

曾经看过一部韩国电视剧，其中一位母亲出身高贵，从小就过着衣来伸手饭来张口的大小姐生活。她结婚后生了一个女孩儿，当女儿长大恋爱后，就希望给自己的男朋友做一顿可口的饭菜，于是女儿就向母亲请教。但是碍于面子问题，母亲又不好承认自己不会烧菜，所以就硬着头皮答应了。好在母亲是个会临时抱佛脚的人，她趁女儿上卫生间的时候，回到卧室迅速把做菜的秘诀抄在了手心里，然后依葫芦画瓢，俨然一副持家能手一样，教女儿做菜的诀窍。可是当女儿问她何为少许，何为适量的时候，她就支支吾吾说不出来了。最后在女儿不依不饶的

“逼问”下，母亲终于露出了马脚。原来，母亲根本不会烧菜。这位颜面扫地的母亲，拨开女儿冲进卧室痛哭了起来。

其实母亲也不是十全十美的完人，母亲也有自己的缺点和不足。倘若这位母亲事前就告诉女儿不会烧菜，那么又何须大费周折，而声名扫地呢？通过这件事情，母亲不仅暴露了自己不会做饭的缺点，同时也暴露了自己虚伪、不坦诚的人性弱点，而这远比不会做菜要严重得多。试问，这件事情之后，女儿又会怎么看待母亲呢？所以母亲在孩子面前，以一种轻松的方式接受自己的不完美，承认自己的错误，不仅让孩子觉得你更亲近，从而加深母子之间的感情，而且能把一种坦然、放松的处世态度传达给孩子。

当孩子问母亲“你为什么不高兴啊？是不是工作上有了麻烦”的时候，母亲就应该认真地考虑一下，是否应该和孩子谈一谈，以及怎么去谈的问题。如果敷衍搪塞、欺哄蒙骗地说：“没什么，很好。”或者“大人的事情，小孩子不要多问！”那就等于是将孩子对父母的关心推开。而孩子得到的信息就是，母亲不管我的事，我也不管母亲的事。长此以往，母亲就再也无法走进孩子的世界了。

王然最近下岗了，可是碍于面子，她没跟家里人提起这件事。可是也不能总待在家里，所以只好是到了上班的时间就走出家门，在外面东游西转一番后，估计时间差不多了就回家。

有一天她刚回家，儿子乐乐悄悄地跑进王然屋里，对她说：“妈妈，我觉得你不开心，你是不是不上班了？”王然愕然，乐乐不过才5岁，怎么会这样问自己呢？她脑袋飞快转了一下，随口说了句：“没有的事，你不是见到妈妈每天早上按时出门，晚上又按时回家吃饭了吗？”

乐乐满腹狐疑地走开了。几天后，王然发现乐乐不大跟自己说话了。她心里很纳闷。后来她从邻居嘴里得知，原来前几天乐乐所在的幼儿园组织孩子们到公园里游玩，不凑巧，那几天她在公园闲转，被乐乐看到了好几次。乐乐跟邻居说，妈妈欺骗他，他再也不理妈妈了。

知道了乐乐的"心事"后，王然很是苦恼。

王然的过失给儿子造成了不小的"伤害"。其实这件事是完全可以避免的。如果王然向儿子敞开自己的心扉，母子沟通畅通的话，一切都会迎刃而解。

向孩子敞开心扉是孩子成长过程中，建立良好的亲子关系的纽带。在社会生活中，无论子女还是父母都是独立的个体。所以只妄想让孩子对自己敞开心扉，而把自己的心扉紧闭的做法对孩子来说，就是一种不公平。所以作为母亲必须学会对孩子敞开心扉，让孩子知道你在想什么，你在做什么？只有这样，才能促进亲子关系的和谐发展，才能促进孩子的健康成长。那么母亲在敞开心扉的过程中，应该注意哪些问题呢？

1.机会要合适

向孩子敞开心扉是件很轻松自然的事情，千万不能太过于严肃和认真，否则只会给孩子增加心理负担，而且这样也会使整个谈话过程变成母亲一人唱独角戏。有经验的母亲通常会在和孩子逛街的路上，或者接送孩子上学的途中，抑或是周末一起郊游时，选择这样的时间可以在轻松愉悦的氛围中既向孩子敞开了心扉又有利于孩子接受，切忌不要在孩子滔滔不绝、喋喋不休的时候说自己的心事，因为这个时候孩子是心不在焉的。

2.方式要适当

敞开心扉是需要技巧和方法的，当谈话的内容太尖锐时，不妨采用迂回战术，这样往往会起到事半功倍的效果。例如，一位妈妈询问心理医生，奶奶过世之后，孩子很伤心，她总想安慰儿子，很想让孩子说出自己的想法，然而每每提起此事，孩子总是闭口不提，对谁也不谈论此事。在心理医生的建议下，妈妈不再问孩子的感受，而是有时提起自己对奶奶的思念，和孩子一起回忆和奶奶在一起时一家人的快乐时光。儿子反倒一下子开口了，分担妈妈的痛苦，自己也不再那么郁闷了。

3.掌握自己的情绪

向孩子敞开心扉的过程中，可能会有很多令你不高兴或失望的事情，此时的母亲必须很好地控制自己的情绪。例如，尽管你告诉孩子当年你如何地发奋读书，但孩子却并不对你的努力表示赞赏，你就可能很失望，但无论如何，你也不能让这种情绪表现出来。孩子都不喜欢让母亲失望，如果你过分表现出失望，就会给孩子心灵造成不良的影响。

一位哲人曾说过：快乐让别人来分享，就多一分快乐，把忧伤告诉给愿意为你分担的人，就减少一分忧伤。母亲和孩子之间是世界上最亲密的关系，也是应该一起分享喜怒哀乐的，如果母亲向孩子敞开自己的心扉，跟孩子分享自己的喜怒哀乐，那么孩子就会感觉到你对他的信任和尊重，孩子就会更加尊敬你，并且也会向你敞开他的心灵。所以为了孩子的茁壮成长，作为母亲就应该像大海一样，敞开自己的心扉，和孩子一起去分享吧！

你是孩子眼中的刺玫瑰吗

有一个孩子放了学，仍然不肯离开教室。老师就走上前去问道："你怎么不回家呀？"孩子哭丧着脸说："我不想回家，我怕妈妈用她的刺扎我。" 老师不解地问道："你妈妈怎么用刺扎你呢？"原来，孩子考试不及格，妈妈就口无遮拦地骂道：

“给我滚！就当我没有你这样的儿子！”

“我天天起早贪黑地伺候你，就伺候出这样的成绩吗？”

“妈妈不要你这种没出息的孩子，现在马上给我滚出去！”

“你简直一无是处！”

“你很讨厌！”

“养你这样的一个孩子，我真是倒了八辈子的霉！”

“我怎么会生出你这样的孩子，真是丢人！”

这些也许只是母亲气愤之下，随口而说的话，但是母亲没有考虑到，这些话会对孩子造成多么大的伤害。在孩子的眼中，母亲本该像一朵盛开的玫瑰花，可是母亲却偏偏用那些尖尖的刺，扎伤了孩子幼小的心灵。

每个人都有受尊重的权利，孩子也是一样。很多母亲往往不注意与孩子交谈的语气，在动怒的时候口无遮拦，结果造成了对孩子的伤害。因为她们觉得对于自己的孩子完全有资格打骂，所以多难听的话都能说出来。有时觉得说得越难听，越能提醒孩子注意。其实她们忘记了，有些话是绝对不能说出口的。

小林气鼓鼓地回到家里，因为班主任突然有事要做，班上原定的参观博物馆就没有去成。妈妈见他不高兴，随口说了句："生气也没用，要玩还有下回呢。又不是我让老师有事的，别一回来就脸不是脸，腚不是腚的，你这是耍给谁看呢？"本来小林还没有发作的意思，可是母亲这么一说，可不得了。他先是呜呜地哭了一阵，然后就冲到自己的房间，趴在床上大哭了起来，而且连晚饭也没有出来吃。

遇到这种情况，母亲应该先沉默冷静，让孩子单独地待一会儿，然后瞅准时机，耐心开导一下也就行了。可惜的是，小林的母亲竟然在孩子没发作之前，却“先下手为强”了。结果不仅点燃了孩子发作的导火索，还深深地伤害了孩子的心灵。当然孩子是母亲的心头肉，天下没有哪个母亲希望让孩子伤心，也没有哪一位父母会对自己说“我就是想让他今天不好过。”其实说到底，还是母亲没有注意自己说话的语气罢了。

孩子在很小的时候，由于害怕恐惧，所以不管妈妈说什么，他们都只有乖乖地顺从。但是在这样的心理压力下，孩子很难健康成长。

还有的孩子就像一贴狗皮膏药，时常黏着母亲。这个时候母亲不耐烦了，就会一把推开孩子说："你知不知道，你很讨厌！"虽然这只是母亲情急之下的一句话，然而对孩子来说，这就是玫瑰花上的一根根硬刺，狠狠地扎在了心口上，拔下来就是一道道流血的伤口。在孩子心中留下永远的伤痕。

事实上，抚养未成年人，是母亲应尽的责任和义务。而母亲却把它当做是一种负担和累赘，当做一种向孩子炫耀和示威的借口。这种思想和行为是万万要不得的。所以母亲应该转变观念，把抚养教育孩子当做一件神圣而光荣的使命。在与孩子谈话过程中，时刻注意着，千万别用话里话外的刺伤害到了孩子。因为如果母亲不注意，什么话都拿过来就说，也不管效果如何，这样只会给孩子造成逆反心理。

有这样两位妈妈，当她们发现孩子的作业做得很不认真时，采取了两种截然不同的态度，效果却大相径庭。

一位妈妈发现孩子的作业写得特别潦草时非常生气，一气之下，把孩子的作业本撕掉，狠狠地说道："说了你几次了，你怎么就不长个记性，作业还写得这么乱，你给我重写！"孩子拿着撕碎的作业本，望着自己辛勤劳动的成果，被妈妈这样蛮横地撕掉，很是生气，嘀咕道："我就不给你好好写，爱撕你就撕。看你能撕多少。"于是孩子就敷衍了事地重新写过。可是字迹越写越潦草，竟然写得还不如上次呢。妈妈见了大怒："我的话你怎么就是不听。"妈妈刚想给撕掉，可一看表已经 11 点多了，重写已经是不可能了，只好就这样了事。

而另一位妈妈发现孩子作业写得很糟糕时，虽然也很生气，但她却采用了柔和的语气说道:“孩子,你今天的作业怎么写得这样潦草,这样写老师会认不出来的,你最好重写。我知道让你写,你是不大情愿的。可为什么我还要坚持让你重写呢?因为妈妈相信你能写好,写第二遍肯定会比第一遍写得快,而且会好得多。妈妈绝对相信你!”孩子听完妈妈的话,再看看自己写的字,就对妈妈说:“妈妈,我再重写一遍。这次我一定认真写。”写完后,他让妈妈看自己写的作业,妈妈认真看过后,高兴地说:“我儿子的作业写得真工整,一定会得到老师的表扬。”后来这个孩子的作业一直写得很好,每天妈妈都会表扬他,他学习的劲头更足了。

看完以上的故事,我们不难发现,母亲对孩子越是训斥、打击、强制、孩子就越是丧失兴趣和信心。而只有用温和的劝导,才能让孩子看到希望,并全力以赴地把它做好。

其实,母亲要想做孩子眼中没有刺的玫瑰,非常简单,只要坚持以孩子为中心,平等对待孩子,耐心协商、晓之以理,动之以情地循循善诱,那么就一定会重新博得孩子的喜欢和爱戴。

倾听比说更重要

多数人都习惯说话,不擅长听话,尤其是母亲面对孩子,更是滔滔不绝,一席话犹如黄河泛滥,气势汹汹,令孩子毫无招架之力。其实如果母亲不听孩子说,怎么知道他在想什么?不听孩子说,又怎么能了解他、管教他?所以父母想要有个听话的孩子,必须先归还孩子的话语权。

有一个5岁的孩子，刚从外婆家回到母亲身边。有一天，母亲炒了一盘木耳肉片端到桌子上，接着进厨房继续炒别的菜，等母亲再次来到桌旁时，孩子已把木耳肉片吃得精光。

妈妈见此，并没有责骂他，只是对他说："家人都还没有吃，你怎么可以一个人把菜都吃光了呢？"孩子却一声不吭，躲在一旁悄悄掉眼泪。

母亲很纳闷地说："你这孩子怎么这样，我又没训斥你，你哭什么呀？"

这时在里屋看电视的外婆听到哭声，就走了出来说："你知道什么啊，孩子这么做还不是为了让你开心吗？"

母亲听到这话更是大惑不解了，心想：孩子贪嘴，把一盘子菜全吃了，怎么还是为了我开心呢？

外婆接着说道："你知道吗？孩子跟我在一起的时候，他吃得越多，我越高兴。而且他吃得越多，我还表扬鼓励他呢！他之所以吃光了一盘子菜，还不就是为了让你表扬他呀！"

母亲闻此，不由得产生了愧疚。是的，她对孩子知道得太少了，她一点也不了解孩子的想法。从这个故事中鲜明地折射出了两个问题。第一个：母亲和孩子缺乏沟通。第二个：母亲没有听孩子说话。假如孩子回到母亲身边之后，母亲能充分地和孩子打成一片，了解孩子的内心世界，并且甘愿做一名忠实的听众，那么就不会出现以上的误解了。

我们知道，现代父母最大的特点就是"忙"。不仅爸爸忙，妈妈也忙。即使精明干练的妈妈，在家里和孩子沟通时，往往也仅限于：学习紧张吗？功课做完了吗？零花钱够吗？等等。至于那些不干练的母亲，就只会放"鞭炮"似的跟孩子一通"狂轰滥炸"了。其实这些从严格意义上说，都算不得有效沟通。因为你没有让孩子说话。

英国一位教育学家说："与孩子沟通，要注意让孩子说出来自己的思想感情，要学会聆听和促使孩子说话。"因为只有在孩子的话语中，母亲才能够知道孩子在学校和老师、同学的相处情形，哪个同学有欺负人的习惯；孩子最讨厌哪门功课等重要问题。而且细心的母亲可以发现孩子微妙的变化，并因此而洞悉孩子的内心世界。

张志梅曾经是一位苦恼的妈妈。她有一个刚上初中一年级的女儿，有一段时间女儿跟她讲话时态度很不好。

有一天，女儿放学回家，妈妈问她："你到哪儿去？怎么晚回家一个多钟头？"女儿说："我和同学一起到李可染家玩。"妈妈很生气地说："你知不知道我很担心？以后放学后就回家做功课，不要到处去野！"女儿听了脸色很难看，然后不理妈妈就回房间去了。

开始张志梅认为自己说话时的语气不好，所以也没当回事，可是渐渐地她发现女儿愈来愈不听话，她担心女儿有许多事瞒着自己，担心女儿将来会发生什么问题。于是就去咨询家庭教育专家，专家听了她的情况后，就开了一个"药方"：多倾听孩子的诉说并教给了她许多倾听孩子心声的技巧。

从此张志梅不再对女儿的言行做价值判断。即使当孩子不同意自己的看法时，也要承认女儿可以有自己想法的权利，并积极做女儿的倾听者。

一天女儿放学回来说："妈！我好难过，今天考试考坏了。"张志梅听了，不再是责怪，而是停下手边的工作，坐下来对女儿说："可以跟妈妈说说吗？"女儿看了看妈妈，把自己考试考坏的情况给母亲讲了。妈妈听后和女儿一起分析了失败的原因，并和女儿一起制订了相应的补救措施。当一切措施都制订完以后，已经是深夜了。女儿感激地投入妈妈的怀抱说："妈妈你真好！"那一刻，妈妈的嘴角也浮现出了幸福的笑容。

通过这个故事，说明学会倾听是有效沟通的基础，同时也是了解孩子、帮助孩子成长的不二法宝。但是不知道什么原因，很多孩子似乎并不愿意或认为没有必要用语言说出他们的思想感情，他们又很想让父母明白他们的意图，这时，他们就改用另一种表达方式对母亲进行暗示。如果母亲的反应够灵敏，那么就需要提高警惕了。因为孩子的异常行为之中，往往蕴藏着他们所要表达的思想感情。所以一个称职的妈妈，需要从每一个细枝末节处聆听孩子的心灵世界。

有的妈妈，也许会提出这样的疑问，聆听是不是只要摆个耳朵听就可以了。如果你抱有这样的想法，那么就大错特错了。

1.听孩子说话要专心致志

一个好的聆听者，必须集中注意力。因此，母亲和孩子交流时应选择一天里不忙的时间和安静的地点，这样才能够做到专心听孩子说话。在这个时间不要做饭、烫衣服和做别的一些家务活，关掉电视和手机及其他分心的事，用眼睛注视着孩子，表示是真心在与他接触。每天都要为孩子提供与他们单独接触的机会，哪怕只用几分钟，可以对孩子说“我们一起散会儿步”，或者说“让我们到小房间去单独在一起谈谈”。

2.听孩子说话不是受煎熬，而是一种乐趣

如果你对孩子的谈话内容表现出浓厚的兴趣，那么你和孩子之间不但打开了通路，而且会使他们感到自己是重要的。母亲对孩子表示关心、照顾，让他们谈论有关自己的事，孩子便会感到与母亲在一起很亲密。倘若当孩子的话还没说出一半，母亲就表现得如坐针毡、不胜其烦，那么孩子就会感到很受伤。中国很多母亲经常抱怨说：“怎么就没有一个人听我说话呢？”其字里行间都流露着不满的情绪和愤慨。如果你也有过这种痛苦的无奈，就请不要把伤害再发生在孩子身上。

3.对孩子的谈话，要及时地做出反应

听孩子说话，并不是要像木头人一样，从头到尾一言不发，而是应该在合适的机会，插一句话，或做个动作，以此表示你在认真听。

4.与孩子的谈话产生共鸣

一个善于聆听的母亲，在听到孩子的讲述后，通常会摆脱自己对问题的思想和感情，设身处地想孩子在经历着什么。并回想自己以前的经历，努力地找到与孩子发生共鸣的契合点，这样就能做孩子的“知心”妈妈了。

5.做孩子情感的投资顾问

一个好的聆听者，就是要做倾诉者的“感情投资顾问”。如果母亲认为孩子的感情或想法是正确的、合理的，那么就要积极地予以鼓励和支持，这样不但可以增进母子关系，更加有助于提高孩子开动脑筋、思考问题、准确做出判断的能力。倘若孩子被不良的或消极的情绪所感染时，妈妈就需要如抽丝剥茧一般，帮助孩子找出问题的症结所在，然后提出意见指点孩子走出阴霾迈向阳光。因此，妈妈应时刻关注孩子的情感世界并有效地进行感情投资计划。

综上所述，一位优秀的母亲，就一定要学会倾听孩子发自内心的声音。倾听可以让妈妈变得明智；倾听可以增进母子之间的感情；倾听可以创造和谐健康的新生活！

你听懂孩子的语言了吗

中国有句老话，锣鼓听声，说话听音。言下之意是说，听一个人说话的时候，要能听出弦外之音、言外之意。很多母亲反映说，她们已经很认真地和孩子沟通了，可是依然没有真正了解孩子的心理，这是为什么呢？原因就是母亲只听到了孩子的话，却没有明白话里的意思。

有一个女孩跟母亲说:“我是你的孩子，所以你要理解我所说的话。请不要笑,这不是让你笑的,而是让你听懂的,否则我不原谅你。”

小女孩的话语,其实就是给母亲敲响的“警钟”,意思是告诉母亲，要想明白孩子的真实意图，就必须要善于听取孩子的言外之意。可是事实并非如此,许多母亲总是想当然地以为,孩子是我生的,孩子是我身上掉下来的一块肉,他心里想什么,我还能不知道吗？其实,母亲有时候真的不知道孩子的想法。

我们在上一节中，讲述了母亲如何做一名忠实的听众。然而,仅仅做忠实的倾听者还是远远不够的,因为母亲不仅要善听、乐听,还要能倾听孩子的言外之意,才能真正学会从孩子的倾诉中真切地感受和把握孩子的喜怒哀乐,真正了解孩子在想些什么、要求什么、希望什么,才能真正领会孩子的思想意图,分享孩子的快乐,真诚地为孩子的进步而高兴,为孩子的成功而喝彩,才能有效地用母亲的体贴去化解孩子的烦恼,营造出充满爱意的温馨家庭环境,也才能赢得与孩子的真诚友谊。

因此,作为母亲千万不能忽视倾听孩子的言外之意。唯有在倾听过程中,读懂孩子的语言,母亲在做孩子的思想工作时才能心中有数、有的放矢,才能不断提高家庭教育的质量和水平,帮助孩子发展健全的性格以及发展孩子的人生理想和规划。

在一个闷热的午后，丁晓茹汗流浃背地骑着自行车在如潮的人海中艰难地行进。儿子坐在丁晓茹的车后座上,向她讲着在班里与同学闹别扭的事,劳累疲惫、心里烦躁的她毫无反应地听着。

渐渐地,儿子的声音微弱了下来。突然,他小声说:“妈妈,我差点儿忘了,老师让买一盒蜡笔。”丁晓茹不耐烦地说:“刚才路过文具店为什么不说？偏偏等我们走远了你才说。”谁料想,当她极不情愿地带着孩子返回文具店时，儿子竟然气鼓鼓地自己跳下车，恨恨地说："不买了，回家！"说完，头也不回地径直往家走。

一进家门，丁晓茹就冲到儿子面前质问他为什么这么不听话。儿子眼泪汪汪地望着她说："妈妈，你知道吗，我们小孩儿也很可怜！"丁晓茹一下子愣住了，像遭到重重的一击。儿子的小脸通红，哽咽着："妈妈，你们父母心烦的时候，可以对我们小孩儿发火；我们小孩儿心烦的时候，找谁发火呢？你知不知道，我们有时也很难受……"孩子的话使丁晓茹的内心长时间无法平静下来。

丁晓茹默默地回想着，自己也是小孩子的时候，不也曾因为母亲拒绝了自己的正当要求，而气愤不平吗？不也曾因为一次误解而遭斥责，在幼小的心中留下难以抚平的伤痕吗？她知道这种伤痕会一直伴随着她成长，有时候，甚至是一生的时光也无法磨灭的。可是，万万没有让她想到的是，而今自己也做了母亲，却因为工作、生活的压力和烦恼而把不良情绪发泄到孩子身上，全然不顾孩子的心理变化和承受能力了。

"我们小孩儿也很可怜"，这句话使丁晓茹如梦方醒，她知道，自己粗暴的态度已经伤害了孩子幼小的心灵。从这以后，丁晓茹就开始有意识地去倾听孩子的心灵声音，并从孩子的话语中，听出孩子的喜怒哀乐。由此，孩子与她的关系也越来越亲密了，她也成为了儿子无话不谈的好朋友、好伙伴。

现实生活中，望子成龙、盼女成凤是每个做母亲的最大愿望。为了实现这一理想，她们往往只关注孩子的学习，只看重每次考试的分数，而忽视了与孩子的亲情沟通、忽视了解读孩子的语言，从而在母子之间形成隔膜。

一位加拿大的教育学家说："解读孩子的语言密码，可以增进沟通，促进理解。"一个孩子就是一个世界。因此，一切为了孩子，母亲们从现在开始，就学会倾听。倾听他们的话语、倾听他们的心声、倾听他们对世界的理解和对未来的梦想吧！

不要忽略了孩子的朋友

战国时期著名的思想家孟子说过："幼吾幼以及人之幼"，虽然这只是孟子宣扬的儒家仁爱思想，但是其中却蕴涵科学的教子哲学。

生活中，很多母亲经常抱怨，不能与孩子进行有效沟通。孩子在家中经常表现得很孤独。那么，如果出现这种情况，母亲就该好好地自我反省了。

有这样一个故事：

豆豆的好朋友乐乐，经常到豆豆家玩。可是，每次乐乐走后，家里都会变得一片狼藉，玩具扔得到处都是。一次，妈妈对豆豆说："千万不要向乐乐学，以后，你也别把他带回家里玩了。你看家里被他弄得多乱，这种孩子没有人会喜欢的。"听了妈妈的话，豆豆非常不高兴，噘着小嘴对妈妈说："乐乐是我最好最好的朋友！"说完就闷闷不乐地进了房间。

几天后，乐乐又来找豆豆玩。妈妈立即将乐乐挡在门外，不许乐乐进他们的家门。乐乐委屈地走了，从此再也不和豆豆一起玩了。

豆豆为了这件事情哭了好多次，还好长时间没有和妈妈说话。从此以后，每天放学回家，就趴在窗台上，默默地看着窗外的小朋友嬉戏的背影。

看完这个故事，我不知道读者会有什么样的感想。但是，我想说的是，每个人都是从小到大的成长，母亲也应该有过五光十色的童年。也许岁月的风尘会让一个人变得成熟和苍老，但是，唯一不能改变的就是昔日的伙伴和难以忘怀的好朋友。有诗云：白发多旧梦，少年多新词。其实，白发旧梦中蕴涵最多的，也是最深刻的就是朋友。

有一次聚会，隔壁房间里坐着一群中老年人，当酒过三巡之后，他们就满怀热情地回想着当年的趣事，比如和某某一起上山下乡了；和某某考试如何作弊了；甚至和某某同时喜欢上一个女孩子而明争暗斗了。总之，言谈话语中间都洋溢着无限的怀念。几十年的光景，弹指一挥间，可是，他们忘不掉的仍是少年时的伙伴。所以说，孩子需要朋友，失去了朋友的孩子是孤单的，也是对健康的发展所不利的。

思来想去，还是孟子的话有道理，“幼吾幼以及人之幼”，把孩子的朋友当做自己的孩子，这样不仅尊重了孩子，也培养孩子团结友爱、协作互助的良好习惯和健康心灵。

小小有一个坏毛病，就是自己的东西总乱扔一气，结果到用的时候却怎么都找不到。后来，他认识邻居家一个叫月月的小女孩，两个人经常在一起玩儿。小小的妈妈发现月月非常爱干净，自己的东西也从来都是整理得井井有条。

于是妈妈问小小：“你和月月是好朋友吗？”“当然是啊！”小小回答。“好朋友就应该互相学习，你看月月多爱干净，总是把自己的东西收拾得整整齐齐，你能做到吗？如果你做不到，月月可能就不会和你做好朋友喽。”

后来，小小果然改掉了乱扔东西的坏习惯，自己的东西也收拾得整齐多了。

小小的故事说明：尊重孩子的朋友，不仅可以赢得孩子的信赖，还能促进孩子之间的友谊和交往，促使他们互相帮助、互相学习。

所以母亲应该鼓励孩子交朋友，当孩子有了朋友之后，应该通过赏识和尊重，促进孩子之间的交往。

如果孩子已经交上了朋友，母亲要及时给予肯定。比如对孩子说："真高兴你有了自己的朋友，听说你的朋友很棒，你们应该互相关心，互相帮助。"或者说："听说你交的朋友很出色，我很想见见他，你看可以吗？"

如果孩子还没有朋友，则应积极帮孩子寻找。比如鼓励孩子与附近的孩子一起玩，与同事或同学的孩子一起玩。并适时和孩子讨论他们交往的情况，帮助孩子分析并做出选择。

另外，要欢迎孩子的朋友到家里来。把孩子的朋友当成自己的朋友一样，采取热情欢迎的态度。当孩子来家里时，父母应该说："我们家来朋友啦，欢迎欢迎！"或者"真高兴我的孩子有你这样的朋友，你能来太好了！"而且要鼓励孩子认真接待，让孩子的朋友感觉到你对他们的支持和赏识。

从某种意义上说，孩子交朋友是天经地义的行为。那么，在孩子交友的过程中，母亲应该注意些什么问题呢？

1.鼓励孩子交友

中国有句古话：在家靠父母，出门靠朋友。孩子在父母身边，当然可以高枕无忧，但是孩子总有长大的一天，所以从小就要鼓励孩子多交友。正所谓，多一个朋友多一条道。同时，广交朋友也可以提高孩子的社交能力。

2.尊重孩子的选择

在孩子交往过程中，尽管需要母亲的指导，但母亲也要尊重他们的意愿，让他们有一定的自主权。在选择朋友方面，母亲和孩子的意见常常会不一致，只要对方不是品行太差，还是尽量先尊重孩子的意见，然后在他们交往的过程中，进行积极的引导和帮助。母亲还应尊重孩子的朋友，欢迎孩子的朋友到家里来做客。父母这样做，既可以表示自己对孩子的尊重，也可以进一步加深与孩子的密切关系。

3.对孩子的朋友要真诚

母亲对待孩子的朋友要像对待自己的孩子一样，以诚相待。不可厚此薄彼，更不可因为孩子的朋友在家里玩耍，把家里弄得乱七八糟，就对他们下逐客令。此外，因每个孩子的性格、情趣各不相同，所以在对待这些“小朋友”时，切不可一视同仁，而应该区别对待，避免在无意中对他们造成伤害。

当然，孩子在交往过程中，可能会遇到秉性不良的孩子，从而对孩子造成负面影响。但是，母亲绝不能因噎废食，因此废止孩子正当的交友权利。母亲应该循循善诱，教导孩子哪些朋友是不该交的，哪些朋友是可以深交的。另外，如果你对孩子的朋友某个方面很不满意，就应该当着孩子的面严肃地说出来。当孩子冲着你转眼珠暗示别说时，你不必大喊大叫，而应坚持以清晰、严肃的态度告诉他，哪些行为是不被你所赞成的。只有这样，你才能和孩子达成共识，促进母子关系更上一层楼。

妈妈心中有杆失衡的秤

中国青少年研究中心研究表明：成功父母与失败父母的区别是，前者将孩子对的东西挑出来，把他的优点挑出来；而不明智的父母，一眼就看到孩子的缺点。”

虽然很多母亲总是盼望着自己的孩子能有朝一日平步青云、飞黄腾达，但是她们在教育孩子的过程中，却很少夸赞孩子的优点，相反的是，母亲总是鸡蛋里面挑骨头似的，对自家孩子横挑眉毛竖挑眼，仿佛孩子是一无是处的大傻瓜。倘若孩子一直生活在“大傻瓜”的环境下，那么即便是聪明的孩子也会变傻的。

正如美国成功教育学家拿破仑·希尔曾经说过：“每个孩子都有许多优点，而父母恰恰相反，他们总是盯着孩子的缺点，认为管好孩子的缺点，才能让孩子更好地成长。其实，这样做就像蹩脚的工匠，是不可能造出完美瓷器的。”

所以，母亲应该多发现孩子的优点，而忘记孩子的缺点，只有这样才能走进孩子的世界，成为他们的好朋友，并且培养孩子的自信心。

小虎是个聪明且调皮的男孩，经常会出现许多“小问题”，制造诸多“麻烦”。

有一天，妈妈刚刚回家，就听到爸爸正在生气地指责小虎：“没收拾好自己的东西，就跑出去玩！说你多少次了，你怎么老是不改正呢？成天就知道扔个烂摊子。”说到气头上，爸爸又开始批评小虎的其他诸多错误，如粗心、脾气不好、贪吃等。

妈妈瞧瞧小虎，正满不在乎地嘟着嘴，满脸的不服气和不情愿。为了缓和僵局，妈妈若有所思地说道：“小虎身上是存在缺点，我想他自己知道那样做不对。每个人都是有缺点的，可每个人身上也是有优点的啊！”

爸爸领会了妈妈的意思，定了定神又说：“是啊，有缺点不要紧，只要改正就好。其实小虎身上有许多优点，比如很爱劳动，喜欢主动帮助朋友。”

妈妈接着说：“还有呢，做事情很认真，学本领很聪明呢。”

小虎本来以为妈妈也会批评自己，谁知竟然夸奖自己。他被爸爸妈妈夸得都有些不好意思了。

最后妈妈说：“小虎有这么多优点我们也很为你骄傲，如果能将自己的缺点克服、优点发扬，那么小虎就会是个了不起的人，大家会对你另眼相看的。”

听了妈妈的一席话，小虎轻轻点点头，若有所思。从此之后，小虎的很多“毛病”果然都改掉了。

这个故事说明了，当母亲发现孩子优点，并给予认可和肯定的时候，他们就会充满自信，而且会比以前做得更好。长此以往，孩子的优点就会越来越突出。

所以，母亲应该善于发现孩子的优点，竭力放大他们的优点，并真心地赞扬使其克服缺点，建立自信，最终迈向成功。

当然人无完人，每个孩子总是或多或少地存在某些缺点。有些母亲在称赞孩子优点的同时，总是忍不住批评一下孩子的缺点。从道理上说，好的方面表扬，坏的方面批评是无可厚非的。但是，如果操作方式不当，同样会令孩子感到反感，似乎母亲所做的一切都只是“功过相抵”的无关痛痒之举。

芳芳上初中时，有一次母亲给她讲自己小时候的故事。母亲说：“在农村老家，人们挖苦那些自以为做出成就的人时，就会说‘给你到尿盆儿底上记一功’。”芳芳觉得这句话很有趣。于是，妈妈就决定照猫画虎，先找了一大张白纸，让芳芳在上面画一个大大的尿盆图案。然后，在上面写着“记功簿”三个字。最后妈妈在上面记录了她最近做的几件“好事”。

这张纸在墙上贴了一段时间之后，被妈妈的一位好友看到了。好友当时正为管理女儿的问题而困扰。妈妈就顺势给她讲了设“记功簿”的好处。她觉得这方法很新鲜、很有趣。于是，她就立刻回家效仿。大约过了一个月的时间，这位妈妈再次遇到了这位好友。好友跟她哭丧着脸说：“效果一点也不明显，孩子还是不听话。”

于是，这位妈妈决定到她家看个究竟。果然好友按照要求，在墙壁上贴了一张“记功簿”。但是那张“记功簿”却被分成左右两栏。一栏写优点，一栏写缺点。

这位妈妈见此，不由得长叹道：“既要让孩子知道自己的优点，为什么又要让孩子记住自己的缺点呢？”

好友问道："孩子有很多坏毛病想让她改，那怎么办，难道这样写下来给她提个醒不好吗？"

这位妈妈笑了笑回答说："当然可以提醒，但要换种说法。要把孩子所有的'过'变成'功'来说，即首先从意识中就要'只设记功簿，不设记过簿'"。

因为设立"记功簿"是为了达到催化作用，使孩子从偶尔的良好表现中获得自信和快乐，使这偶然行为最后成为孩子的一种稳定行为。同理，把孩子缺点也白纸黑字地写出来贴到墙上，不断地提示，也可以使这些行为稳定下来。本来想抛弃的坏东西，在这种刺激下很容易让孩子给自己定性，以为那些坏习惯是自己必然的行为。最后结果是，优点会巩固成为真正的优点；缺点也会巩固下来，成为总也改不掉的缺点。

孩子的反思意识和控制能力都还没有形成，他们更容易受到暗示和兴趣的支配。当妈妈以为把孩子的缺点写出来，张贴在眼前，孩子就会经常自我提醒，理性地纠正自己的错误。这种想法简直是滑天下之大稽，因为这样做会使所有来过家里的人都知道孩子的缺点，孩子就会犹如一个即将接受审判的罪犯一样，被赤裸裸地推上了法庭，严重地损害了孩子的自尊心。

后来，在这位妈妈的建议下，好友删去了"记过"的部分。结果孩子每天都能从"记功簿"上发现自己的优点，久而久之，孩子真的变优秀了。

由此可见，当优点被无限放大之后，缺点就会随之越变越小，最终消失在优点的宽容之中。那么，是不是对孩子的优点越夸大越好呢？当然不是。母亲应该注意中肯、适度的原则。不能过分夸大，也不能无端缩小。在表扬优点的同时，对缺点要如蜻蜓点水，点到为止，只要让孩子知道自己有什么缺点和不足，以及如何改正即可，且不能把缺点放在和优点同等的地位。总而言之，母亲心中必须有杆失衡的秤，侧重于孩子的优点那边。

弯下腰跟孩子说话

美国精神病学家威廉·哥德法勃曾经说过："教育孩子最重要的，是把孩子当成与自己人格平等的人，给他们以无限的关爱。"而事实也证明了，母亲以居高临下的姿态来关心孩子，反而会使孩子产生逆反心理。只有母亲放下家长的威严，弯下腰来像对待平等人格的朋友那样去关爱孩子，才有可能让孩子感受到对等，从而促进母亲迈进孩子的内心世界。

然而，在教育孩子时，母亲早已习惯挺直了身子说话，俨然一位威风凛凛的大元帅一样，对孩子发号施令，将自己的思维和主观愿望强加到孩子身上，而很少考虑到孩子内心的想法。当自己的愿望与孩子的想法产生碰撞的时候，母亲就会对孩子大失所望，然后强制孩子按自己的意愿行事，根本不会考虑孩子的感受。

我们经常看到这样的画面，当一个孩子要去亲吻大人时，总是踮起脚尖，把腰身挺直，然后把小嘴努上去。而此时，大人的动作又是什么呢？通常她们会把腰弯下去，这样孩子就可以轻松地吻到大人的脸颊了。其实，教育孩子与此同理。当孩子不能很好地跟母亲沟通交流的时候，其实，就是因为母亲站得太高了，孩子们够不到。所以在适当的时候，母亲应该弯下腰来，站在与孩子同一的高度，这样才是与孩子心连心。

一天，妈妈接到学校老师的电话，说儿子在学校和同学打架了，被扣在学校，要家长到学校领人。妈妈听完电话当即火冒三丈，决定一定要狠狠教训一顿这个调皮鬼。

在去学校的路上，妈妈忽然产生了一个想法：如果我打儿子一顿，难道就真的能收到预想的教育效果，保证儿子以后不再打架了吗？有了这样的念头，在学校见到儿子之后，妈妈没有发作，而是平静地将儿子带回了家。

回家之后，妈妈也是隐忍不发，而是耐心地帮儿子在伤口上贴上创可贴，随后下厨为儿子做了可口的饭菜。当儿子一口口吃着饭菜时，妈妈才开口诉说，讲述自己是如何担心儿子，自己是如何盼望儿子早点回家。听着听着，儿子的声音哽咽了，哭着扑进妈妈怀里，说自己错了，对不起妈妈，以后再也不打架了，再也不让妈妈担心了。听了儿子的承诺，妈妈会心地笑了。

故事中的妈妈是平凡的也是伟大的。平凡是因为她是万千妈妈队伍中的一员，而说她伟大，就是因为她敢于放下妈妈的架子，跟孩子保持平等对话，仅此一点，就难能可贵。

我们每个人，在儿时都曾犯过错误，也都深知犯错之后的恶果。基本的受罚流程是这样的：母亲先揪着孩子的耳朵，大声地问道："看你下次还敢不敢？"而且，每次问话，耳朵都要被向上拉。接着就是一顿劈头盖脸的痛骂。等到家之后，母亲就飞起一脚，把孩子踢到一边，厉声喝道："给我跪直了"。大约一刻钟之后，真正的责罚才算开始了。妈妈气冲冲地冲了过来，甩手就是一巴掌。通常情况下，孩子在被打的前三秒钟是没有哭声的，等哭声响起的时候，妈妈就已经扒光了孩子的裤子，狠狠地用鞋底猛抽。如果遇到情况顺利的，打完屁股之后，此事也就算了结了。但是，如果赶到运气不佳，正巧碰到父亲也在，那么接下来的，可能就是一顿"大餐"，例如"爆栗子"、"炒肉片"、"揪凤耳"等等，一场"暴食"下来，孩子几乎就是躺在地上奄奄一息了。即便如此，母亲还是会凑上前来，问道："看你下次还敢不听话，有本事再去和同学打架呀！"

也别说，在经过严厉的教育之后，孩子还真不敢再去以身涉险了。可是古人云，好了伤疤忘了疼。要不了一段时间，孩子依然是我行我素。

兵法有云，不战而屈人之兵，乃最高境界。那么，如果把这句话运用到亲子教育中，就是不打不骂而征服孩子。可是，问题的关键是，不惩罚何以让孩子心服口服呢？那就要弯下身子，以情感人。就像故事中的妈妈那样放下了“妈妈”的架子，弯下腰来站在孩子的高度，去看待孩子的过失，使孩子能感受到母亲对他人格的尊重，感受到他与母亲在地位上的平等，从而走进了孩子的内心世界，起到教育孩子的目的。

有诗人说，弯下腰，距离大地的芬芳就更近了一步。那么，母亲弯下腰，就距离孩子更近了一步。对母亲来说，弯弯腰，只是轻而易举的事情，可是就这微不足道的动作，却可以换回孩子的亲近，增强彼此间的交流，促进孩子的健康成长，母亲又何乐而不为呢？

其实，所谓的“弯下腰”就是放低姿态的意思。具体来说，母亲应能做到以下几点。

1.不可采用过激的语言和动作

对孩子采用谩骂、殴打的方式，都是不正确的。因为打骂解决不了问题，而且还会让事情越来越糟糕，最后造成母子形同陌路。这样的事情应该坚决避免发生。

2.语言一定要亲切

事实告诉我们，凡是关系融洽的家庭，家人之间交谈时，语言都充满着爱心和亲切感，态度和蔼。而那种单刀直入，不顾孩子感受的语言，往往会对孩子造成伤害。

3.先让孩子开口说话

在上述故事中，我们已经简单介绍了孩子被罚的全过程。其实，天下所有的母亲都有一个通病，那就是一旦听说孩子犯错误的时候，就会迷失自己，偏信对方，从而不给孩子辩解的机会，或者就是先打再问，这样做对孩子的健康成长极为不利。

综上所述，母亲弯下腰跟孩子沟通，既是对孩子的尊重，也是增强孩子独立意识的有效方式。所以妈妈们弯下腰来吧，弯下腰就能平视孩子，就能获得和孩子真正交流的机会，就能真正明白孩子心中所想以及他们行为的真正动机。

与孩子站在同一起跑线上

著名歌手宋祖英曾唱过一首歌曲《长大后我就成了你》，歌曲的大概内容是说，随着孩子的成长，在将来的某一天，也就成了现在的“爸爸”或“妈妈”。那么，如果时间可以倒流的话，在很多年以前，妈妈其实也是一名小丫头。虽然，时间让曾经的小丫头成为了神圣的“母亲”，但是在她们的心底依然保留着曾经的童真。因此，在孩子犯了错误或者不听话的时候，母亲能否将掩盖心底的那份童真唤醒呢？能否以一个孩子的角度去看待呢？中国有句古话“退一步海阔天空”，也就是说，如果妈妈能退一步，以孩子的视角去审视问题，那么一切都是“海阔天空”。

教育学家说，在家庭教育中，母亲要经常和孩子换位思考，这样有助于增强彼此间的信任和了解。

有一位著名的企业家，他的太太十分贤惠，对子女更是无微不至。但是即便如此，孩子们仍然不满足，时常对妈妈挑三拣四。

一天晚上，妈妈做好了晚饭，就上楼喊女儿吃饭。但是，接连喊了三遍，女儿都没有下楼。于是，爸爸就要求先吃饭。在大家快要吃完的时候，女儿下来了。她看着桌子上的“残羹剩饭”，就十分不悦地说：“你们吃饭，怎么也不等我。”

爸爸放下碗筷说："不是我们不等你，是你放弃了和大家一起用餐的机会。妈妈喊了你三次，都没见你下来。"

女儿撇撇嘴说："这都怪妈妈做得不好。她可以进房间把我拉下来呀！"

妈妈笑了笑说："好吧，就算是妈妈做得不够好吧，想必你一定会比妈妈做得更好了。明天礼拜天，你就当一天妈妈，给我们做个示范吧。"

女儿不屑地回答道："做妈妈有什么难的，我一定比妈妈做得好。"

第二天，天刚亮的时候，妈妈就敲响了女儿的房门喊道："妈妈，我今天早上要吃豆浆和包子。"爸爸也凑上前说："我要吃春卷，加双蛋的。"

女儿懒洋洋地起了床，就去卫生间，刷牙洗漱。妈妈就立刻拦住了她说："我以前都是先买早餐，后洗漱的，我们现在就要吃早餐。"

于是，女儿气呼呼地冲了出去，大约过了30分钟，她才慢腾腾地赶了回来。她刚把早餐放在桌子上，就要伸手去拿包子。妈妈又拦住了她说："我以前都是等大家吃完之后才用餐的。"结果，大家一股脑地把早餐全吃光了。

女儿很不高兴地努着嘴说："你们都吃完了，我吃什么啊？"

妈妈回答说："你中午一块吃吧。"说完就回屋了。妈妈在上楼的时候，又吩咐说："记得把餐具洗刷干净，我中午想吃饺子。"

女儿收拾好餐具，时间已经11点了。于是，她又急匆匆地冲到菜市场，买来包饺子的材料。等家人吃到饺子的时候，已经是下午2点了。她好容易忙完了一切，正要回房休息时，妈妈又抱来一堆要清洗的衣服说："妈妈，你把这些衣服洗了吧，我明天要穿。"

此时，女儿呆呆地站在那里，两道热泪不由自主地滚落了下来，哽咽着说道："妈妈，我错了，原谅我吧！"

妈妈一把将她搂进怀里，女儿哭得更凶了。从此以后，女儿再也不指责妈妈的过错了。妈妈回到房间之后，在女儿的书包中发现了学习计划表。通过这件事，妈妈更加了解了女儿的学习压力。

倘若没有这次角色的对换，想必妈妈永远不会知道女儿的压力究竟有多大，而女儿始终也不会明白妈妈所承受的负担。通过这次换位体验之后，母女的关系更加亲近了，而且女儿也总是利用富裕的时间，帮助妈妈整理家务，而妈妈再也没有对女儿的学习横加干涉了。

其实，生活中有很多事情，并不一定非要等到"长大后我就成了你"的那一天，才能体会到个中道理，只要母亲和孩子调换一下角色，就能达到预期的目的。

此外，母亲站在孩子的角度上去思考问题，也有助于增强与孩子之间的信任，同时，也有利于母亲走进孩子的心灵世界。

韩玉平的女儿思婼放学回家后抱怨老师当着全班同学的面向她大声斥责。韩玉平听后把腰一叉，用质问的口气说："你干什么坏事了吧？"思婼瞪起眼，很生气地说："我什么也没干。""不会吧，老师不会无缘无故地斥责学生。"

思婼重重地坐在椅子上，一副不开心的样子盯着妈妈。韩玉平继续责问："那么你打算怎样解决这个问题呢？"思婼很倔强地说："什么也不做。"如果这样再问下去，母女之间一定会对立起来，什么问题也解决不了。

此时，韩玉平改变了她的态度，用一种友好的语调说："我肯定你当时觉得很尴尬，因为老师在全班同学面前斥责你。"思婼有些怀疑地抬头看了妈妈一眼，妈妈接着讲："我记得我上初中一年级时，同样的事发生在我身上，其实我只是在历史考试时站起来借了一支圆珠笔，老师就让我下不了台，我感到十分尴尬,也很气愤。”

思婼露出轻松的样子，很感兴趣地说:“真的？我也只是在上课时向同学借一支圆珠笔,因为我没有足够的圆珠笔,我真的觉得为这么简单的事老师还要教训我,实在不公平。”“是这样。但你能不能想出办法,今后可以避免这种尴尬的局面呢？”“我可以多准备一支圆珠笔，那就不用打断老师讲课而向别人去借。”“这个主意不错。”

母亲就是通过这样一个办法,避免了一场家庭暴力的发生。如果韩玉平按照一贯的做法，那么一定会激起与女儿的斗争，最后越闹越凶,无法收场。好在母亲及时地改变了策略,主动站在女儿的立场上,并现身说法,不仅感动了女儿,而且还赢得了女儿的信任,可谓是一举两得。所以,作为合格的母亲,就必须学会能够站到孩子的角度，和孩子一起看待问题和处理问题，只有这样,才能成为孩子的知心朋友。

韩国教育家张炳惠在《好孩子的成长 99%靠妈妈》一书中，就妈妈应该站在孩子的角度上思考问题给予了充分的肯定。她说在教育孩子时,可以经常和孩子玩一种游戏,先假定一种情况，然后和孩子一起思考如果处在这种情况下应当如何应对。通过这种游戏,对孩子有了更加充分的了解和认识。例如:

“我有一个非常要好的朋友,他急需钱用,于是向我借 10 美元,可是我只有 5 美元,而且这 5 美元对我来说非常重要。在这种情况下我应该怎么做？”

孩子们歪着头各自发表自己的意见。有的说:“我也很需要钱,我不能借给朋友。”有的说:“朋友比我急需用钱,应该借给朋友。”还有的说:“朋友比金钱重要,我应该想办法帮朋友凑 10 美元。”

孩子七嘴八舌地发表各自不同的看法,但是一直到最后,她往往都没有说出自己的真实想法。因为通过孩子的答案,她从中掌握了孩子的内心想法，难道还有什么事情是比这更重要的吗？可以说没有了。

其实，做母亲的应该明白一个道理。大人有大人的世界，孩子有孩子的世界。这两个世界是完全不一样的。如果母亲一定要用大人处理问题的方法要求孩子，那么，势必会发生许多亲子关系上的问题和不愉快。所以母亲应该学会试着和孩子站在同一起跑线上，用孩子的目光来了解和认识孩子，也许这才是真正的教子之道。

一“桥”飞架南北，天堑变通途

经常听到母亲这样抱怨：“孩子什么事也不愿和我讲。”而孩子却诉苦说：“父母不理解我们的需要，他们想说的就说个没完，而我说时他们却心不在焉。”这种情况是比较普遍的。其实孩子有许多事情、感受或者小秘密是很想跟母亲诉说和分享的。但是，母亲却对他们的事情经常表现得不耐烦。因为，对母亲而言，给孩子最优越的物质生活，就是给予了他们最好的生活。然而，妈妈们却忘记了关注与孩子之间的心灵交流。

正如毛主席在一首词中写的那样，“一桥飞架南北，天堑变通途。”试想，一架桥梁，尚且能将长江天险变成通途大道，那么，更何况是亲子关系呢！所以，问题的关键在于，母亲和孩子之间有没有沟通的桥梁。

一位教育学家说，一般情况下，孩子的意见得不到及时交流，主要责任在于母亲没有给予应有的重视或掌握不好沟通的火候，甚至有的母亲认为对孩子唠叨一顿就是沟通，结果却适得其反。因此，不是孩子不愿意跟母亲沟通，而是母亲没有给孩子机会。请问，如果母亲不愿听孩子讲话、不和孩子谈心，那么又如何了解孩子呢？不了解孩子，你又怎么可能帮助教育孩子呢？

孩子是家庭中平等的一员，也是家庭的希望。为了孩子能快乐健康地成长，母亲应该以平等的态度，敞开心怀和孩子进行心灵的沟通，给孩子营造一个轻松、温馨的家庭环境。

有一个 11 岁的男孩子，父母离婚之后，他就一直跟着爸爸生活。由于单位效益不好，爸爸就不再给他零花钱了。孩子由于经济缩水，所以对爸爸就很反感。爸爸说什么他都不听，事事与爸爸对着干。这位父亲说，为了孩子学习、生活得愉快，他经受的艰辛都不让孩子知道，没想到孩子现在这样对待他。

后来，孩子就离家去了妈妈那里，妈妈离婚后一个人独立生活，白天出门工作，晚上回家做饭和孩子畅谈一天的劳作和艰辛。不久之后，孩子又回到了爸爸身边，这次孩子变得竟十分乖巧，不但不要零花钱了，而且还学会了省吃俭用。爸爸对此很纳闷，于是，就电话联系了孩子的母亲。

妈妈告诉他说："小孩子也是人啊，很多问题，你只要去跟他沟通，他就会明白了，你以前缺乏和孩子沟通啊！"

爸爸听了恍然大悟，以后特别注意和孩子之间的沟通交流，结果，孩子身上许多逆反的行为都消失不见了。

如果这位父亲以前就能与孩子有良好的沟通，让孩子了解自己工作的忙碌和生活的艰辛，那么孩子就会理解父亲，改变自己对父亲的错误态度了。而这一切都要归功于明智的妈妈。

曾经在一期电视访谈节目中，介绍了一位妈妈的"失败"历程。这位妈妈是一所学校的高级老师，她培养过一批又一批的优秀毕业生，可谓是桃李满天下。可是她唯一的儿子，竟成了她的一块心病。

孩子在很小的时候，妈妈就教他读书认字。当孩子上初中时，就被安排到自己的班级里，方便给他特别的照顾。也正因为如此，孩子的压力也更加沉重。

每当妈妈在课堂上提出疑难问题，同学们都回答不出来的时候，她就会点名让儿子来作答。如果儿子也回答不出来，她就仿佛受了羞辱一般，对孩子雷霆大怒，让孩子在全班同学面前颜面扫地。

一天晚上，儿子做完了功课，就来到妈妈的房间说："妈妈，我已经长大了，请不要在同学面前打我了，好吗？"

谁曾料，母亲板着面孔回答说："是不是你翅膀长硬了，妈妈就不能管你了？我告诉你，以后你要是还敢在班里给我丢人现眼，我就不光是打你这么简单了。"

儿子带着满腔的怨恨和委屈回到自己的卧室。几天之后，妈妈在课堂上又叫他回答问题，他答不上来，妈妈再次当着全班同学的面，撕碎了他的教科书，并狠狠地砸在他的头上，口中骂道："看我不砸醒你这榆木疙瘩的脑袋。"

那一刻，儿子落泪了。下课后，他小心地捡起被母亲撕碎的课本，装进了书包里，开始了生平第一次逃课。

一直到深夜，母亲才在江边找到了他。他本以为，妈妈会展开双臂向他奔来，并敞开心扉接纳他。然而妈妈见到他之后，竟然恶狠狠地说道："有本事跑到江边，怎么没本事跳下去啊！"儿子强忍着泪，跟着妈妈回家了。

从此之后，儿子就仿佛换了个人似的。经常出入酒吧、舞厅，甚至还跟不良少年打群架。尽管母亲加强了看管，可是只要稍不留神，他就跑到社会上去了，即便把他留在教室里，也是一副心不在焉的样子。

直到有这么一天，母亲怒冲冲地跑到儿子跟前，把一份不及格的考卷揉成一团，正要砸向他时，儿子终于爆发了，他一抬手挡住了母亲的胳膊，另一只手就直扑母亲的脖子，一直把母亲逼到窗台边，母亲渐渐地不能呼吸了。儿子大声疾呼："我受够了，我受够了。"同学们看到他将要置老师于死地，于是就一起把他拉开了。母亲顿时瘫坐在了地上。两行热泪像断了线的珠子一样，滚了下来。她万万没有想到，儿子竟然会这么对待她。

此后，儿子开始流浪生涯，母亲则终日以泪洗面。后来经心理专家的开导，母亲才清醒地认识到，原来问题出在缺乏与儿子的心灵沟通。

一天深夜，母亲接到了派出所打来的电话，她立刻赶了过去。原来儿子为了生活，竟干起了偷盗的营生。念在他是初犯，又是偷盗未遂，因此法外施恩，让母亲把他认领了回去。

可是就在这时，儿子却宁愿坐牢也不愿跟妈妈一起回去。妈妈失声痛哭地跌在地上，紧紧地拉住儿子的衣襟，哽咽着道："妈妈知道错了，原谅妈妈，再给妈妈一次机会吧。"最后，在警方的调解之下，儿子才跟随母亲一起回家了。

看完这个故事，实在令人百感交集。这究竟是为什么呢？难道母子之间就真的存在不可逾越的鸿沟吗？难道就非要把一份血浓于水的亲情弄到如此尴尬的地步吗？难道母子之间就真的没有解决问题的办法了吗？不——有办法的，那就是沟通、交流。沟通就像一贴温补良药，可以抚平一切伤痕。

母亲和儿子回家之后，进行了一次彻夜长谈，并由此达成了共识。儿子还是妈妈的好儿子，妈妈还是儿子的好妈妈。后来，儿子考取了大学，妈妈满意地笑了。其实，只要把话说明了、说透了，问题也就自然不存在了。

那么，妈妈应当怎样与孩子沟通呢？

1.从心理上重视孩子的想法

有些妈妈虽然表面上显得很重视孩子的想法，可是，并没有上升到心理层面，那么，这种流于形式的做法只会给孩子造成伤害。所以，要想跟孩子进行有效的沟通，就必须从心理上重视孩子的想法、感受和体验，并认真加以理解和评价，将会对孩子今后的发展起到积极的促进作用。

2.方法切合实际、合乎情理

母亲与孩子交流思想情感要实事求是。无论是批评、表扬和评价，也无论是谈论家庭和社会问题，都要切合实际、有理有节。不能跟着感觉走、随着性子来。比如，母亲批评孩子一件事情没有做好不应这样说："笨蛋，我已经说过一千次了，为什么还不改？"这就是夸大其词，于事无补。如果经常运用切合实际、合情合理的沟通方法，那么就可以培养孩子的理智感、自信心，增强教育效果。母亲可亲可敬、可以依靠和求教的形象就会在孩子心目中树立起来。

3.语言清晰、明确

"好吧，你玩一会儿，就回来做作业。"这"一会儿"是多长时间，孩子有他的打算，母亲也有自己的要求，两者不一致，结果产生冲突是必然的。同样，孩子言语不详的话也会带来麻烦。如孩子说："妈妈，这个双休日我们几个同学到碧水潭去玩玩，行不？"母亲不应马上明确表态。因为孩子和几个什么样的同学去，具体怎么安排的，什么时间回来都不清楚。母亲与孩子间产生的许多问题和矛盾，往往是由于言语不详、语义不清、模棱两可、似是而非造成的。所以，沟通要成功、有效，言语就要清楚具体。

总之，沟通是母亲在亲子教育中的必修课。只有深入贯彻了沟通交流的精髓实质，家庭教育才能其乐融融，母子关系才会其乐融融，孩子也才能其乐融融地成长。

良药不一定苦口

中国有句古话"良药苦口利于病，忠言逆耳利于行"，所以，很多妈妈在教育孩子时，总是喜欢板起一副冷冰冰的面孔，对孩子"耳提面命"，仿佛只有如此才算是给孩子最好的教育和建议。殊不知，治病的药其实未必一定要苦口，衷心的建议也未必要逆耳。

正如一位著名的教育家所说："孩子幼小的心灵极易受到挫伤，任何粗暴武断的教育方式都是不合时宜的，只有用温和的方式，才能走进孩子的心灵。"

情景喜剧《家有儿女》里的妈妈——刘梅，当她得知儿子刘星在学校犯了错误时，就气急败坏地拿起"武器"要揍他，口中还念念不忘地嚷道："今天我要不修理修理他，他就长不了记性。"其实，刘梅的举动正代表了广大妈妈的行为。倘若刘梅的行为是有效的，那么，刘星就不会接二连三地犯错误了。这个故事也正说明了："暴风骤雨"式的教育未必能取得预想中的效果。

因为，妈妈的"强权"做法会让孩子产生抵触的情绪。所以，表面上征服了他们，其实，他们在内心中将酝酿一场更大的"挑战"。在孩子们看来，迫于无奈的"投降"只是权宜之计，对妈妈的让步，就意味着自己的软弱和不自主。因此，他们会为了捍卫自身的权益而"奋战"。

我们经常听到妈妈们抱怨说："我的孩子真是让人头疼，越是不让他做的事情，他偏偏去做，真是搞不懂，他们究竟在想什么？"

其实孩子们什么都没有想，他们只是不习惯妈妈的那种“强权”管束。所以在这种情况下，妈妈越是严厉，孩子也往往更加叛逆，甚至变得蛮不讲理。

明明是个聪明的孩子，平时也很乖巧。有一次，他跟妈妈到姨妈家去玩时，却发生了不和谐的小“插曲”。

到了姨妈家后，由于妈妈很长时间没有见到姨妈了，所以难免和姨妈聊得时间长了点。本来明明和姨妈家的表妹玩得很好。可是快到吃饭的时候，明明嚷着要回家。妈妈正跟姨妈聊到兴浓处，也没有心情理明明，只是随口说了句：“去！去！去！一边玩去，没看见大人正说话吗？……”

没想到明明一改往日的态度，躺在地上就撒起泼来。这还真让妈妈下不来台，妈妈抡起巴掌就在明明的脸上留下一记“五指山”的印痕。这下明明更不依了，姨妈只好让他们母子回家了，一次好端端的聚会就这样在不和谐的气氛中收场了。

其实，如果妈妈能客气地用温和的语调征求孩子的意见，也许就不会发生不愉快了。

当孩子出现问题时，妈妈不妨先放下“打骂”或“粗暴”的管教方式，尝试一下使用温和口吻，表示重视孩子的意见，友好地建议说：“你不是很想念姨妈的吗，姨妈也想你啊，姨妈做了很多明明爱吃的菜，你想不想吃啊？”或者说：“妈妈想和明明商量一下，可不可以吃了午饭再回去呢？”这样孩子就会很认真地考虑和关心你提出的问题，从而避免了尴尬，取得意想不到的效果了。

孩子的成长过程是一个不断犯错和学习的过程。因此，面对孩子的问题，妈妈不能动辄发脾气，或者情绪失控的体罚、打骂孩子。而是应该以理解、体恤和宽容，抚慰孩子、教育孩子。唯有如此，才能够做到理智、平静地面对和处理孩子身上的问题。

也许，有的妈妈会说，“我家那个‘捣蛋鬼’不要说理解教育了，就是一天打他8次都不起作用。我就怕给他点阳光就灿烂，以后就更不好管教了。”其实，这种想法是片面的。根据教育专家研究表明，粗暴的教育方法有以下的弊端：

1.粗暴的方法能增加孩子的心理压力

多数孩子都害怕批评，这是一种潜在的心理负担。一旦受到了父母的斥责，这种负担便会转化为巨大的“心理压力”，孩子会因为考虑到妈妈将会用何种方法处置他，而变得焦虑不安，精神紧张。同时，自我保护的本能，又会促使孩子做出“心理防御”，以至于在妈妈面前不敢也不愿道出真情，然而迫于压力他又不能说出真情，最后只能胡编乱造以求蒙蔽过关。长此以往，母亲和孩子的关系就会越来越僵。

2.粗暴的方法会增加孩子的逆反心理

常有这样的孩子，从小就受到妈妈过分严厉的斥责，可以说，他们是伴着训斥声长大的。在这些孩子眼里，妈妈不可亲近，而且令人憎恨。由于情绪的强烈对立，所以对妈妈的要求往往一概拒绝。有时甚至反其道而行之，故意调皮捣蛋与妈妈对着干。可见，严厉斥责只能使孩子的对立心理更趋激化。

3.用粗暴的方法与孩子谈话，将增加妈妈与孩子之间的心理距离

那些热衷于保持妈妈的颜面，对孩子声色俱厉地训斥，往往会阻碍妈妈与孩子之间心理的沟通和感情的交流。

总之，用粗暴的方式与孩子沟通，只会让妈妈与孩子之间的距离越走越远。所以，为了孩子的健康成长，妈妈就应该换一种合理的教育方法了。

有这样一则故事：

一位商人穿着一件貂皮大衣，在店外徘徊。天空中，有两位神仙飘过。其中一位蓝袍神仙说，我能让商人自己把大衣脱下来，说罢就卷起一阵狂风，而商人则把大衣裹得更紧了。此时，红袍神仙笑了笑，就默念符咒，唤来一轮暖日。不一会儿，商人就自己把大衣脱了下来。

这个故事说明了，与其风刀霜剑严相逼，倒不如送他一点温暖与阳光。这样也许会有惊人之喜。其实，教育孩子也是如此，一味地粗暴打骂，往往是解决不了问题的。只有温和的交流才有助于促进妈妈与孩子之间的思想交流和感情的沟通，从而使孩子尊重妈妈、信赖妈妈，自觉自愿地接受妈妈的批评和教育，从而克服自身的缺点和不足。

孩子是妈妈最大的财富

当今社会中，职业女性越来越多，她们终日劳碌于工作，整天拼命赚钱。在她们的心中，只有赚很多很多的钱，可以让孩子住豪宅、乘豪车、上名校、接受最好的教育、享受最好的生活，只有这样才算是真正地爱自己的孩子。其实，她们却忘记了，妈妈的爱有时也许只是多抽出点时间陪陪孩子。

很多年前，电视中播放过这样一条广告。

一个小女孩考了 100 分，她很想和妈妈一起分享这份快乐和喜悦。但是，她知道妈妈很忙，于是，就抱着考卷和奖状，躺在床上等妈妈回来。然而，不知不觉中，小女孩睡着了。妈妈回来的时候，已经是深夜了。等小女孩醒来的时候，她发现枕边有一张字条，上面写着“宝贝，妈妈爱你。”广告结尾时，小女孩的眼神是空洞的，是复杂的。字幕中打出，“爱，就多一份守候。”

是的，我们不得不承认，高速发展的生活节奏，让妈妈失去了很多和孩子在一起的宝贵时间。但是，无论怎么忙碌，妈妈总要抽出点时间给孩子。

英国教育家特·梅森说："很多父母总是终日奔忙，从来无暇顾及孩子。当他们终于有一天想好好关心孩子的时候，发现竟然无法与孩子进行沟通，父母对孩子已经变得无足轻重。因此，作为父母应当多陪陪孩子，陪他们做自己喜欢的事情。"

一位刚下班回家的母亲，脸上写满了疲倦。女儿问母亲一天的工资是多少，母亲有点不高兴地说30元。

女儿听了以后叫妈妈借她10元，妈妈很气愤地说自己工作这么辛苦，一天也才30元，你这孩子肯定要把我的钱拿去买什么玩具，于是就没好气地叫女儿马上回房间睡觉。待母亲冷静下来以后，便来到了女儿房中，答应给她10元钱。

女儿听了很高兴，她一下子从床上跳了下来，从床底下掏出一个储蓄罐，然后把里面的钱币全都倒了出来。接着，就很认真地一毛、两毛、五毛、一块地数了起来。此时，妈妈更加气愤了，问女儿道："为什么自己有钱还叫我再给你？"

女儿头也不抬，一边数钱一边回答说："我这里钱还不够。"

当女儿数足了20元钱的时候，她高兴地笑了起来，满心欢喜地说："妈妈，现在我有钱了。我有30元钱，妈妈，我要用这30元钱买下你的一天，让你陪我玩。"

妈妈听到最后这句话时，顿时泪如泉涌。她紧紧地把女儿抱在了怀里……

以上的故事并非是个例，而是集中反映了广大家庭的境遇。妈妈挣钱养家，本是无可非议的事情，可是，孩子与金钱，孰重孰轻呢？

孩子的健康成长绝不是仅靠一点富足的物质生活就能满足的，他们需要更多的爱，更多的关怀。现在，很多母亲把挣钱当做了生命的唯一需要，她们会工作到很晚，也会应酬到深夜；她们会关心这个月的销售业绩是否会提高；她们会关心今天的股票会不会上涨；她们会关心哪个商店的化妆品更好；会关心哪个商店的服装更时尚，而唯独缺少的就是与孩子心灵的对话，缺少陪孩子唱儿歌、讲故事、玩游戏、捉迷藏的时间。

写到此处，我不禁想到童年的生活。那时候，家里很穷，但是生活却很幸福。妈妈在农田里劳碌了一天，晚上吃罢了饭，就在院里铺一张芦苇席，我们全家都躺在上面。有时候，妈妈会给我和弟弟说她小时候的故事，或者教我们认识星座，总之，生活得快乐极了。所以，幸福的生活对孩子来说，并不在于金钱的多少，而只在于一家人是否能每天生活在一起。

根据儿童心理专家的研究发现，每个孩子都需要从父母那里得到足够的重视。虽然，身为妈妈的你，或许在为了生计而奔波，为了改善生活环境而努力，但是，这些都不是你忽视孩子的理由和借口。时间就像海绵里的水，挤一挤总会有的。因此，不管有多忙，妈妈也一定要抽出一些时间陪伴孩子，给他们唱一首儿歌，或者做一次游戏，等等。这些看似不起眼的事情，实际上不仅给孩子提供了向妈妈学习的机会，还会促进家庭成员的交流，增进家庭的和睦。

当然，妈妈不应该把陪伴孩子当做一件任务去完成，而是全心全意地投入，让孩子感到妈妈的热情和真诚。也许在一起的时间，只是几分钟这么短暂，但是由于你的真心付出，孩子们还是会认为像是二十四小时守候那么漫长。

其实，孩子的期望很简单，并不像某些妈妈认为的那样奢侈。无论是名车豪宅，还是出国上名牌大学，这些无非是母亲的一厢情愿，而孩子真正所需要的只是妈妈的怀抱和关爱。

所以，请不要再用“我很忙”为借口，请不要再用“我要挣钱”为理由，而忽略了孩子们。多一点时间，多一份关爱，就是多一份温暖。

妈妈不是全职保姆

20 世纪 80 年代，日本拍摄了一部动画片，讲述了一只狐狸的成长过程。当小狐狸长到一定年龄之后，老狐狸就会把小狐狸逐出家门，让它自己学习生存的技巧。小狐狸经过一番磨难之后，终于在大自然中找到了属于自己的位置。

其实，妈妈教育孩子也是一样的道理。但是人与动物最大的差别就是人有太多的感情。血浓于水的亲情，让妈妈们心甘情愿地给孩子当起了全职保姆。殊不知，正是出于爱的关心，却最后把孩子变成了没有主见、胆怯怕事和依赖性很强的人。

詹尼是个乖巧的小女孩，因为爸爸工作忙，常年不在家。詹尼便跟着妈妈一起生活。妈妈每天接送詹尼时，都会把她的吃穿安排好，就连喝牛奶插吸管这样的事，她也不让孩子做，总之一切的事情都由她全权负责。

每天早晨詹尼来幼儿园后，从不主动去玩玩具或进行户外活动，而是四处游荡，非要等老师指定她去玩什么，她才去。每当老师请她进行选择时，她便犹豫不决，事事都要由别人做决定，自己无法做决定。

一天早上，妈妈正忙着做早餐，没时间给她穿衣服。于是就让她自己穿。结果，她穿了老半天也没穿好，最后竟哭了起来。

从这时起，妈妈才感觉到，应该让孩子自己动手做事情了。从那天开始，妈妈就有意识地让詹尼自己脱衣服、穿衣服、系鞋带。吃饭时，也不像从前那样，把饭盛好端到她面前了，而且吃饱以后，再让詹尼收拾，洗刷碗筷，妈妈尽量把詹尼自己的事情都交给她自己来做。

经过三个月的“残忍”教育，现在，詹尼已经是个独立自主的孩子了，她有自己的眼光、自己的思维、自己的感受、自己的判断，不再是绝对听话，叫她干什么就干什么的“傻”姑娘了。

从案例可以看出，詹尼从一个什么都不会做的“傻”姑娘，到独立自主的转变过程中，起到关键性作用的人就是妈妈。不可否认詹尼的妈妈是一个十分细心的人，在詹尼未发生改变之前，她总是事无巨细地替詹尼考虑得十分周到，孩子不管干什么，她都事先考虑到，替孩子做好，从不让孩子自己做，更别说让孩子自己作决定了。然而，她这样做的后果，就是残酷地剥夺了孩子的动手权利，结果造成了詹尼连衣服也不会穿的恶果。好在母亲能及时发现问题的所在，并及时地予以了更正，才换回了詹尼的“独立自主”。

研究表明，一个经常自己做决定的孩子，在遇到困难和挫折的时候，会表现出坚强的毅力和灵活的思辨能力。所以妈妈应该在适当的时候摆脱全职保姆的温暖外衣，大胆地放手让孩子做属于自己该做的事情。

王太太是一所中学的数学教师，也是三个孩子的母亲。她对孩子的教育就是该“放手”时就放手。

每天她做饭的时候，大女儿就会帮着择菜、洗菜。等饭菜做好后，小女儿和儿子就会主动地端菜、盛饭。吃罢后，她们三人就会收拾餐桌和洗刷餐具。

一天晚饭过后，王太太在书房批改作业。小女儿便轻轻地走了上前，跟妈妈说：“妈妈，学校留给我们的作业太难了，您帮我完成行吗？”

敏而好学、勤学好问，应该帮助和表扬，更何况孩子问的是关于学习的问题，身为一名母亲又怎能拒绝孩子的求教呢？于是，王太太就准备帮助孩子解答问题，可是，当她翻阅了孩子的课本之后，她改变了主意。

王太太回答说："妈妈也不太会。你一定能想出比妈妈更好的方法。而且，老师也希望你自己独立完成。如果你实在做不出来，可以去问老师，老师比妈妈解释得更好。"

女儿听后，脸上立刻露出了不高兴的表情，怏怏地回屋了。王太太则故意装作无动于衷的样子。不知道过了多长时间，王太太经过女儿房间的时候，从虚掩的门缝中，看到女儿还在不停地翻着厚厚的书，绞尽脑汁思考着老师留下的难题。看着女儿辛苦的样子，她不禁心软了起来，就在她准备敲门而入的时候，就听女儿高兴地喊出声来，说道："终于做出来了"。

从那之后，女儿就再也没有因为作业向王太太求助过。她总是通过翻百科全书或者查阅相关的书籍自己解决问题。如果遇到实在解决不了的难题，她就会直接去问老师。

通过这种方式的教育，王太太不仅培养了孩子自学的能力，还帮助孩子养成了主动做事的良好习惯。当有人问起王太太对孩子是否太苛刻时，她回答说，让孩子清楚地知道，自己该做什么事情，以及自己能做什么事情，这是他们自立的关键。

自立、自强是孩子在成长过程中，都必须面对的问题。现实生活是残酷的，不能自立就不能生存，不能自强就不能壮大。而培养自立、自强的关键，就在于妈妈是否敢于让孩子自己动手做事情。

很多母亲认为，小孩子做不好事情，要他帮忙做事，结果只会越帮越忙，把事情弄得一团糟，所以还是一切事情都要自己做才比较放心。

动画片《蜡笔小新》中的小新，在一次帮妈妈整理房间时，就是通过再三央求，才得到妈妈应允。结果，小新还是把物品弄得一片混乱，害得美芽辛苦地做到了半夜。

也许，在大人的眼中，小孩子就是一个活脱脱的调皮捣蛋鬼,只要一放松看管,就会弄得鸡犬不宁。其实,这也从一个侧面反映了孩子渴望动手做事的强烈欲望。

在这个世界上,没有任何人,可以一出生就会做很多事情,并且把它们做得臻于完美。孩子们也不例外,他们需要锻炼的机会,哪怕把事情做得糟糕透顶。但是只要他们动手去做了,就一定会有收获。

就像《蜡笔小新》中的故事一样,难道美芽会不知道小新是个调皮鬼;难道她不知道小新会把物品弄得一团糟;难道她会不知道答应小新的请求就预示着自己将要付出双倍的辛苦?想必这些后果,美芽都是心知肚明的。但是,既然知道,她为什么还要这样做呢?其实,原因就是,她希望给小新动手做事的机会。因此,每个妈妈都应该以美芽为榜样,在悉心照顾孩子的同时,也给孩子一次动手的机会。

好孩子的健康 好妈妈做主

[第三章]

身体是革命的本钱。无论将来孩子从事什么样的职业，首先都必须具有一个健康的好身体，否则一切都将成为镜中花、水中月。然而，当今社会中的很多孩子，在妈妈的溺爱下，终日过着衣来伸手、饭来张口的养尊处优的优越生活，从而出现了肥胖、营养过剩等诸多不利于身体健康的疾病。孩子是妈妈的希望和骄傲，更是祖国的接班人，所以打造孩子健康的好身体是每个妈妈义不容辞的责任和义务。

健康生活从运动开始

“活动，活动，意思就是说人活着就要运动。”此话是至理名言。根据相关医疗数据显示，喜欢运动的孩子，通常身体都比较健康，而且很少生病。然而，望子成龙、望女成凤的思想，却让很多妈妈将更多的注意力投资在了关注孩子的学习上面，而忽略了一件比学习更为重要的事情——运动。

伟大的哲学家说：生命在于运动。由此可见，运动是生命之基，更是健康之本。

富拉尔是一名早产婴儿，从小就体弱多病。于是妈妈就抱着他隔三差五地往医院跑，因此富拉尔也就成了医院的常客。在他三岁的时候，突患癫痫抽风，造成左腿萎缩。后来，他又感染了肺结核等传染疾病。整个家庭顿时陷入了痛苦的阴影之中，在家人的眼中，富拉尔是活不到 10 岁的。

富拉尔的父亲有一位好朋友，酷爱体育运动。有一次，父亲的好朋友来到他家里，看见了正在用药的富拉尔。当时，富拉尔形销骨立，犹如奄奄一息的将死之人，他孱弱的身子摊在座椅里，仿佛是一堆提不起的肉糜。

父亲的好友看到此处，便建议说："这孩子身体太虚弱了，恐怕光吃药是不行的，最好要配合适当的体育运动。"

父亲长叹了一声道："好吧，反正死马就当活马医了。"于是，富拉尔就立刻拜这位父亲的好友为师，开始了体育锻炼。

练了3个月之后，富拉尔的病情就有了明显的好转。一年之后，他的脸色开始变得红润有光泽了。而且，身体也渐渐变得结实了起来，看上去绝对是一个健康的小伙子。三年以后，他就彻底地摆脱了病痛的折磨，成为一名健康十足的棒小伙。他可以和很多同龄的伙伴一样，参加橄榄球比赛了。

富拉尔的故事可以说是一个奇迹。但是倘若他没有接受运动训练的话，也许十年之后，他早已是深埋黄土的人了。可是运动让他改变了一切，运动扫除了病魔的阴霾，而且归还了他一个健康的好身体。由此可见，体育锻炼益处多多。

运动可以让原本健康的孩子，身体更加健康；运动可以让身体羸弱的孩子，迈向健康。总之，健康的身体，离不开运动的呵护。

当然，运动锻炼的绝不仅仅只是健康的体魄，同样也可以刺激孩子心智的开发，促进孩子健康茁壮的成长。

根据英国儿童教育研究中心，历时十年的科学研究表明，适当的运动具有以下方面的作用：

1.树立坚强意志，塑造个性心理

参加体育运动，经常需要克服很多困难、遵守规则、调节和控制某些不利的个性品质，因此能帮助孩子培养坚强的意志、勇敢、果断、积极向上等良好品质。

著名作家三岛由纪夫，自幼酷爱体育运动。他小时候就经常独自扛着一把猎枪，上山打猎。而且，他还常常走村串户，穿林渡水。《金阁寺》的创作，可以说与他小时候的经历有着密不可分的关系。

罗伯特·安德罗·米利肯是美国著名物理学家，他毕生努力奋斗，取得了卓越的成就，这与他幼时受到的锻炼分不开。

米利肯是个穷孩子，兄弟姐妹 6 人，他排行第二。父亲是个公理会的传教士，收入有限，加上孩子多，家境相当拮据。但是，他有一位贤淑的母亲。母亲经常教导他说："穷并不可怕，可怕的是缺乏战胜贫穷的勇气。"母亲这句话，深深扎根在小米利肯的心中。为了锻炼勇气，他经常独自进行着别的小朋友不敢做的运动项目，比如骑马、冬泳等。

经过长期锻炼，米利肯的体魄比起一些蜜罐里长大的孩子要强健得多，精力十分旺盛，这为他以后长期从事艰巨繁重的学习和研究创造了良好的身体条件。

此外，经常进行体育锻炼的人，会比一般人更加乐观和热情。因为体育能增加快乐，帮助人调节情绪。科学研究表明，经常进行体育活动的人，大脑会分泌一种叫做内腓肽的物质，科学家称之为快乐素，它就是能使人愉悦的秘密。

2.活跃思维，促进智力发育

运动锻炼的是肢体，似乎跟智力没有太大的关系，其实不然。运动锻炼的同时，也刺激了思维的活跃，促进了智力的开发。如果你能仔细观察，便不难发现，一个行动迟缓的孩子，通常学习成绩并不是多么的优秀。因为他们肢体的不灵活，导致了思维的迟钝（注：因患有严重疾病，导致行动不便的人除外）。

孩子在报高考志愿时，我们经常看到，有些专业招生会有严格的身体素质条件要求。例如从事微生物研究的专业，就需要有良好的视力。因为研究表明，如果一个人的视力有问题，就会导致在工作和学习中出现看错字、看错行、丢字、多字等现象的发生，而这一切都与眼肌控制能力有关。如果孩子从小的时候，就能坚持做眼睛保健操，那么，他就一定会具有良好的视力。由此可见，锻炼身体对活跃思维、开发智力还是具有促进作用的。

鹏鹏出生时才4斤8两，这让身为体育老师的母亲感到很失望。于是，妈妈就开始实施她独特的健康第一、体育为主的家教方针。从鹏鹏会走路到他初中毕业十多年的时间里，妈妈每天都带孩子进行至少一个小时的体育锻炼，从未间断。鹏鹏长大一些的时候，周围许多父母都带孩子去学习各种特长，妈妈经过思考，觉得让孩子进行体育锻炼比学习美术、钢琴更重要。于是，当别人家孩子都去参加特长班学习的时候，妈妈却带着孩子到各种体育场所去，观看其他人的锻炼活动，让孩子感受到运动给人带来的活力，使孩子受到熏陶。

运动对智力大有好处。虽然鹏鹏用在学习上的时间比较少，但他的学习成绩却名列前茅。因为鹏鹏经过体育锻炼之后，精力比别的同学旺盛，上课能够专心听讲，作业完成速度快，而且，鹏鹏抗挫折的能力也较强。如果偶尔成绩不理想，鹏鹏也不会垂头丧气，而是依旧对自己充满信心。

由此可见，为了学习就主动放弃了锻炼身体的做法是极为不明智的。没有锻炼就没有健康的体魄；没有健康的体魄就没有充足的精力；没有充足的精力，试问，又怎么能专心致志地学习呢？鹏鹏的故事就很好地说明了，要想学习好，早晚多锻炼的道理。

3.强劲生命，创造机会

俗话说，健康是福。因为只有健康才有创造一切的可能和机会。伟大领袖毛主席说“身体是革命的本钱”，没有好身体就不可能有革命的胜利。这句话，同样也适合于当今社会，可以说，没有好身体，就没有好成绩。

台湾著名女作家三毛，就是一位因喜欢体育，从而赢得了健康，并成就了在文坛辉煌地位的典型人物。

三毛的父亲陈嗣庆，是台湾著名律师。陈嗣庆除了律师职业外，最大的爱好就是体育。他从小学六年级开始踢足球，网球场上也常有他的身影，撞球的水准一流，乒乓球少有对手。年逾古稀时，每天早晨必定做了全身运动后才上班，傍晚下班，要提前两三站下车，然后徒步回家。如此对体育一丝不苟的精神，潜移默化地转变为他对事业的认真和执著。

他对四个子女的培养，有一个明确的目标，希望有一个能成为体育运动员，一个成为艺术家，其余两个成为“正直的人”，能够自食其力即可。

为了培养子女成才，他从不吝惜金钱。陈嗣庆在经济并不宽裕的情况下，费了九牛二虎之力，在家中置办了各种体育器材，如乒乓球台、撞球台、篮球架、小冰场、篮球场等。

功夫不负有心人。后来，号称“白雪公主的姐姐”的大女儿陈日心成了一名钢琴老师；二女儿三毛成了一名著名散文作家兼画家；大儿子当了商人；小儿子陈杰继承了他的事业，学习法律，当了一名律师。只有一项培养目标落空，即四个子女中没有出现一个体育明星。虽然如此，次女三毛和女婿荷西却以自己的爱好和坚持，给他带来了不小的安慰。三毛和荷西都是体育爱好者。有一次，三毛从国外回来，陈嗣庆高兴极了，把培养体育明星的希望又放在三毛身上，他给三毛买了二手球拍，和孩子一起锻炼。正是由于三毛真诚地热爱体育运动，才有精力横穿撒哈拉大沙漠，写出了一篇篇情浓于笔端的精彩华章。

由此可见，古今中外，不论是文坛大家，还是科技领军人物，他们几乎都有一个共同的爱好，那就是运动。从他们的故事中，我们也不难发现，运动、健康是成就他们辉煌的坚强柱石。所以，为了孩子们的明天，从现在开始，运动起来吧！

运动与金牌无关

中国有着五千年的历史文明，在逝去的五千年光辉岁月中，中国一直被誉为天朝圣国，所以不管参加什么活动，中国人首先想到的就是，能不能夺冠、能不能“艺压群雄”、能不能捍卫颜面，至于其他的，几乎可以忽略不计。

前不久，看了一部影片，是李连杰主演的《霍元甲》。最后的一段打斗场面，着实令人惊心动魄。霍元甲（角色）身中剧毒时，他的对手说了一句话：“活下去比什么都重要。”那么，我们现在就借用这句话说：“健康地活下去比什么都重要。”健康比任何荣誉和奖章都重要。为了健康、为了生命，从现在开始让我们爱上运动吧！

小青是某中学的一名学生。春季运动会上，小青报名参加了1500米长跑。当他把这个消息告诉妈妈时，他本以为妈妈会为他感到骄傲和自豪，不料妈妈却说：“整天不好好学习，就整这些没用的玩意，就凭你能跑第一名吗？”

这个故事给我们的启示是：难道参加运动会就一定要拿第一名吗？难道第一名比健康更重要吗？答案是否定的。因为参加运动，让孩子自由运动，是为了让孩子有一个健康的体魄，让孩子在运动中体验那份独特的自由和驰骋的快意，以及在运动比赛中建立起的互帮互助，和为他们所响起的掌声和鼓励，这些远比夺冠重要得多。

中国小朋友曾经和美国小朋友组织过一场登山比赛。按照比赛要求，参赛队员要在早上五点钟出发，一直爬到晚上七点钟回来。在整整 14 个小时里，每个选手只能带两个饭盒：一个早餐，一个午餐，还有一瓶饮用水。

比赛刚开始的时候，大家都兴致勃勃、意气风发。但是，由于要攀登的山是一座颇为原始的荒山，所以，在攀登过程中，经常要手足并用。攀登了 3 个小时，选手们开始饥肠辘辘，显得疲惫了。

10 分钟之后，终于盼到吃早餐了，中国孩子坐在地上，就开始大口大口地喝水。而美国队员，则是小心翼翼地每次只喝一小口，然后就放下了。

吃完早餐，大家就开始继续攀登了。中国队走得很辛苦，也很努力，但是很快就被美国队甩在了后面。

然而，中国队员并没有气馁，而是彼此间互帮互助，结成了亲密的伙伴关系。他们手拉着手，男孩带着女孩，虽然很疲惫，但是却很乐观地坚持着脚下的每一步。

登山是一项危险的体育运动。因为在攀登途中，随时可能遇到危险。就在攀越一个障碍时，一名队员突然踩空了脚往山下滚，万分紧急的时刻，大家都不顾个人安危，伸出援助之手，帮助这名队员化险为夷。

天色渐晚，距离比赛结束的时间也越来越迫近了。当灰暗吞没了最后一抹亮色时，比赛结束了。

中国队败给了美国队。

此次比赛，中国队虽然失败了，但是他们却赢得了比金牌更要的东西，那就是在赛场上的相互帮助、相互扶持，以及坚持不懈的毅力。

也许在私底下他们会为了一个罚球而大打出手，为了某次考试不理想而垂头丧气。但是一旦当他们站在了运动比赛场上，他们就是不可战胜的“兄弟连”。

还有值得一提的就是，比赛竞技中，美国队员在饮水时，通常都会小心翼翼。而中国队员则是如牛饮、大快朵颐。所以造成了最后“资源”匮乏，而严重影响了体力。从这件事情中，我们也可以发现，运动竞技不仅仅是体能，更是一场智慧的较量。这些收获又岂能是一块小小的“金牌”所能够涵盖和替代的呢？

鼓励孩子运动

有人在文章中指出，一个人在童年时代如果没有养成运动的习惯，那么将来也很难养成运动的好习惯。所以身为妈妈的你，为了孩子的健康着想，为了养成孩子的良好习惯着想，还是多多鼓励孩子运动吧！

凡是学校组织的野外活动，都要积极支持孩子参加。即使发生了意外伤害，也不改变勇于运动锻炼的态度，并且能主动承担父母的责任。只有这样，才能让孩子沐浴风雨，健康长大成人。

曾发生过这样一件事情。草长莺飞的三月，正是学校组织踏青的好时候。小强在班级组办的春游活动中，不慎跌落小河沟里。好在当时的河沟是干涸的，小强并无大碍，只是在额头上擦破了点皮。

当小强“负伤”回家后，妈妈就大动肝火，呵斥道：“跟你说了不要去春游，你就是不听，这下好了吧，破了相了，看我明天不找你们老师理论去。”

小强拗不过妈妈，只得让她去学校“胡闹”。她刚一冲进办公室，就喋喋不休地嚷道：“你身为老师，太不负责任了，你看我儿子都破了相了，这都是你看管不严造成的后果，以后休想再让我儿子参加什么倒霉的春游了。”

经过妈妈一番“胡闹”之后，小强在班里就变成了被同学取笑的对象。而且以后班里无论大事小情，他总是被排斥在外，仿佛是一个陌生人被放在了一个毫不相干的班集体里。他感到委屈极了。

以前，小强是个爱运动的孩子，每天下课或是放学，都会跟同学一起打篮球或者打乒乓球。但是，现在的他，每日沉郁寡欢，闷闷不乐，而且，就连他最喜欢的篮球也束之高阁了。

妈妈见此，更是看在眼里，疼在心里。终于有一天，她忍不住了，就跟儿子说：“到底妈妈该怎么做，你才能开心快乐呢？”

儿子回答说：“我只要像从前一样和同学们一起参加活动。”

妈妈听罢，不无感慨地说：“妈妈也是为你好啊，妈妈是害怕你再受到伤害呀！”

从这个故事中，我们不仅看到了妈妈无微不至的关爱，同时也看到了妈妈的“荒唐”。就为了一个“害怕受伤”便无情地剥夺了孩子运动的权利，这不能不说是一种悲哀。不经历风雨怎么能见彩虹，孩子不经历栉风沐雨的洗礼，又怎能直面将来的人生？中国有句俗话，鸟儿的翅膀硬了才能飞得更高。鸟儿尚且懂得这个道理，又何况人呢？

每个孩子都有独立面对人生的那一天。孩子早晚都会长大成人，倘若不在小时候就把“羽毛”长得丰满些，长大后又凭借什么披荆斩棘呢？

其实，让孩子健康成长最有效的运动，就是爬山。妈妈可以在周末带着孩子一起登山。在登山之前，妈妈可以教给孩子应该注意的问题和事项，以及一些必备的用品，这样久而久之，孩子的独立性就会越来越强。

当然，并非每个孩子都喜欢爬山，妈妈可以根据孩子的喜好，鼓励他们做自己喜欢的运动项目。

小米是个文静的姑娘。她现在是班级里的文艺骨干，一曲天鹅湖被她演绎得淋漓尽致。那年，她才 13 岁，就被妈妈送到了舞蹈培训中心，学习芭蕾舞。

妈妈说，小米从小体弱，一到秋冬季节就没完没了地感冒，请假休息吧，耽误功课；不休息，也是什么都学不进去。想让她多做些运动，提高身体素质，可是大大小小的体育项目，就没有一个是她喜欢的，所以只好鼓励她学习舞蹈了。

舞蹈老师说，芭蕾舞是一种有氧运动，能锻炼人的心肺功能，提高人体免疫力。果然，小米经过训练之后，身体越发得健康了，而且身姿也比以前挺拔了很多，从内到外散发着一种高贵典雅的气质。

在不容争辩的事实面前，妈妈决定给小米办一张 VIP 会员卡，从此后，小米一有时间就来学习芭蕾舞。用她自己的话说，每次跳完舞之后，都感到身体特别畅快，再学习时也有精神了。而最为关键的是，小米从此后真的很少感冒了。

小米的故事告诉我们，积极鼓励孩子多做运动，既是妈妈的责任，也是培养孩子良好发展的开始。

给孩子最好的锻炼

孩子现在正处于身心快速发展的时期，身体各部位尚未发育成熟，还未定型。如果长时间只进行某一种运动，很容易造成某个相应的部位特别发达，这对于身体的整体协调发展十分不利。所以，孩子进行的运动要尽量多样化，身体既要有舒展，也要有拖屈，只有各种动作配合进行，才能促进身体的全面发展。

小可出生在武术世家，爸爸是一所武校的总教练，妈妈是体育老师。所以小可还很小的时候，就由妈妈负责指导她的体育运动。

为了培养她的柔韧度，妈妈每天给她下腰、劈叉、而且每次都要坚持三十分钟以上。久而久之，小可的身体就发生了变化。

有一天，小可放学回家，就直奔自己的房间去了。直到吃晚饭的时候，她也没有下来。妈妈上楼喊她，她却没好气地回答说："我不吃，我不吃，我不想吃"。说罢就哭了起来。

妈妈好不容易才打开了房门，只见女儿趴在床上，两只眼睛肿得仿佛被蚊虫叮咬了一般。妈妈上前搂着她问道："谁欺负你了吗？"

"没有。"

"那你为什么哭呢？"

小可沉默了一会儿，才慢吞吞地说："班里同学叫我豆芽菜。"

妈妈一听此话，心头不由得一阵悸动。她赶忙让小可站立了给她看，果然"豆芽菜"的形象隐约可见。第二天，她便带着小可来到了人民医院进行检查。检测的结果让妈妈大吃一惊。原来小可是因为长期坚持下腰，导致了脊柱变形。

这个故事说明了，鼓励孩子多做运动，其本身并没有错，但是，长期坚持某一单一的运动姿势和动作，就会严重影响孩子的身体发育和健康。所以妈妈在支持孩子运动的同时，要时刻注意，运动项目要多样化，运动的动作也要多样化。只有这样才能让孩子在拥有健康快乐的同时，又拥有完美标准的好身姿。

中国有句俗话：龙生九子各有不同。小孩子也是如此，无论是秉性爱好，还是性格特征都各有不同。那么，妈妈应该怎么做，才能让孩子真心爱上运动，才能给予孩子最科学的运动呢？

根据研究表明，性格影响着运动的选择，大致如下：

(1)孩子孤僻、不合群的：可以选择足球、篮球、排球以及接力跑等集体项目进行锻炼。这些活动可以帮助孩子逐步改变孤僻的习性，适应与周围群体的交往。

（2）胆小、害羞的：可以选择一些具有挑战性的项目进行锻炼，如游泳、轮滑、拳击、摔跤、单双杠、跳马、跳箱、平衡木等活动，这些活动大多要求人不断克服害羞、胆小等心理障碍，战胜困难。

（3）犹豫不决、优柔寡断的：可以选择乒乓球、羽毛球、网球、拳击、跨栏、跳远、跳高、击剑等活动，这些项目对于锻炼人的果断性具有很大作用。

（4）急躁、易怒的：可以选择打太极拳、慢骑自行车、射击等需要考验控制力的活动，这些活动有益于人稳定情绪。

（5）缺乏自信心的：可以选择参加一些如跳绳、俯卧撑、做广播体操等活动。坚持锻炼一个时期以后，你会发现，孩子的自信心得到了增强。

（6）遇事紧张、在众人面前结巴的：可以选择参加一些公开的、激烈的体育比赛，锻炼孩子冷静沉着应对比赛的能力。

（7）逞能、自负的：可以选择一些难度较大、动作较复杂的技巧，如跳水、体操、马拉松等项目进行锻炼。这样可以让孩子知道“强中自有强中手”的道理。

妈妈帮助孩子选择了锻炼项目之后，并不是宣告妈妈的工作就到此结束了，而是任重道远。要想让孩子从心底里喜欢锻炼，喜欢运动，妈妈还需要注意以下问题。

1.让孩子喜欢运动

兴趣是最好的老师。要想让孩子真心喜欢上运动，就要刺激和培养孩子对运动的兴趣。为此，妈妈可以这样做：

（1）鼓励孩子多到户外活动、呼吸新鲜空气、接受阳光照射。

（2）经常带孩子去公共场所观看他人运动，感受运动给人带来的活力，从中获得熏陶和感染。

（3）给孩子机会参加一些运动游戏，尝试完成一些较难的动作或完成一项较复杂的游戏任务，扮演一个主要角色及遵守共同的约定等，品尝游戏的乐趣。

2.懒惰者一事无成

武术界流传着这样一句话：冬练三九，夏练三伏。意思是说，要想取得成就，就要勤奋刻苦。不能三天打鱼、两天晒网，否则将一事无成，运动锻炼也是如此。

3.循序渐进，不可一蹴而就

有些孩子刚开始进行体育锻炼时，心态不是很好，恨不得一下子达到理想中的效果，所以常常违背了体育锻炼的一条重要原则，即必须循序渐进。

孩子年龄小，肌肉发展不够成熟，耐力相对大人要差一些，心脏负荷相对也小。因此，做任何动作都应该逐渐适应，慢慢掌握，活动量也要逐渐加大，不要操之过急。在孩子刚开始进行体育锻炼时，强度不要太大，只要有些微汗，面部觉得有些发热，动作协调，活动量就是比较适宜的。长城的筑就并非一朝一日之功，而是日积月累之效。

4.坚持不懈，持之以恒

孩子的爱好，犹如七月的天空，说变就变。今天也许喜欢运动，明天或许就爱上表演了。所以在监督孩子进行锻炼的时候，一定要让他们明白贵在持之以恒的道理。

5.制订锻炼计划

所谓锻炼计划就是：合理安排每天所要进行的锻炼项目和数量，以及时间分配等工作。这样做可以培养孩子的条理性和协调性。

总之，妈妈给予孩子的就应该是最贴心的呵护和最真挚的关怀，哪怕锻炼也不例外。

一切从娃娃抓起

中国流传着这样一句话"从娃娃抓起"。言下之意是说，无论做什么事情，都要在孩子很小的时候就要培养。我们知道，很多妈妈为了培养孩子的艺术细胞，可能在怀胎十月的时候，就播放一些舒缓的音乐旋律。还有一些妈妈为了让将来孩子能操有一口流利标准的英语，就在孩子还在襁褓中的时候，就循环播放儿童英语。诸如此类的事情，可以说是不胜枚举。但是，我们很少发现，有哪位妈妈能在孩子很小的时候就对其加强体育锻炼的。

前不久，电视新闻报道了一件真实案例。一位老人为了实现自己的教育理念，就领养了一个不满周岁的女婴，每天教她游泳。不仅如此，他还让女婴当众表演。当女婴被放在盛满水的大木盆中时，出于求生的本能，女婴就奋力地划水。后来，老人又加大了难度，竟然把女婴放在护城河中进行训练，此事引起了围观群众的不满。最后经媒体曝光，更是一石激起千层浪，老人的行为被无情地指责是"禽兽行径"。

当然，不可否认老人的行为确实存在过激的因素。但是，我们所要说的重点是，老人敢于让孩子在幼小的时候就加强运动锻炼的做法是值得肯定的。

近年来，中国妈妈在加强孩子智商、情商和财商教育的时候，殊不知，越来越多的美国妈妈则开始注重从小培养孩子的"体商"了。而所谓的"体商"就是提高孩子体育锻炼的热心程度以及运动水平。由此可见，上述老人的做法与之有异曲同工之妙，而唯一不同的则是，老人用的是别人家的孩子，美国妈妈用的是自己的孩子。

根据科学研究表明：孩子参加锻炼越早，体商提高越快，长大后更可能成为体育爱护者或体育能人。因此，美国的妈妈会在孩子刚出生 2 周的时候，就将其抱到户外，在树阴乘凉、或者在柔和的阳光下享受“日光浴”，其间妈妈还会轻柔地摇动宝宝的小手、手臂、肩膀和腿。这样看似平淡无奇的做法，其实却让孩子有更多的机会接触到大自然，有机会享受到新鲜空气、阳光等自然因素的刺激，从而促进孩子的身心两方面的健康发育。

曾亲眼见过这样一件事情。一位妈妈抱着已满 2 岁的儿子在院子里散步。小院里并排种植了两棵柿树，两棵树中间拴着一根长绳子，用以晾晒衣物。突然，屋里电话铃声响起，妈妈就把小儿子交给了上中学的姐姐抱着。姐姐则别出心裁地把弟弟的一双小手挂在绳子上，然后，慢慢地放松双臂。此时，小孩子的两只手就犹如一对铁钳似的，紧抓绳子不放，将整个身子悬于半空之中。妈妈从屋里走出来，看到此景，不由得大怒。她接过小儿子，转身就对女儿一顿痛骂。

也许，这就是中国妈妈的普遍心理，她们害怕孩子受到哪怕一丁点的伤害。所以，她们绝不容许任何人做任何一件对孩子造成危害的事情。其实，姐姐并没有做错，她只是提供了一个让孩子锻炼的机会，而且这种锻炼还是有安全保证的，因为孩子的身下是姐姐的怀抱。那么，同样一件事情，如果发生在大洋彼岸，会有什么截然不同的结果呢？

美国妈妈会对孩子称赞地说道：“亲爱的宝贝，你简直太棒了！”

差距，这就是差距。所以若干年以后，当我们羡慕他们有一个健康体魄的时候，请认真地反思。因为我们每个人都曾有机会拥有的。

虽然，美国妈妈从小就加强孩子的运动锻炼，但是她们绝不会像“英明神武”的领导者一样，对孩子的锻炼选择指手画脚，而是像一名睿智的参谋长，给孩子们最科学合理的建议，让他们自己做主。有时候，妈妈还会鼓励孩子多跟运动高手交往，这样更有助于培养孩子锻炼的热情以及主动性，使他们真正在锻炼中感受乐趣，从而养成爱运动的习惯，并由此而受惠终生，这才是一位好妈妈应该做的。

锻炼不是孩子自己的事情

锻炼是一种积极向上的竞争，是一种奋发进取的拼搏，更是一种开放的创新。因此，很多的妈妈开始像重视孩子学习一样地重视体育运动了。然而，运动并不是孩子自己的事情，它需要和妈妈一起来做。在孩子们的眼中，妈妈就像一个永恒的楷模和榜样，对孩子产生深远的影响。

当今社会中，随着运动时尚的流行，很多孩子在妈妈的鼓动下，也投入到了运动的洪流之中，而妈妈则更被光荣地称为“运动母亲”、“足球妈妈”、“棒球妈妈”等。

但是，即便如此，仍有不少妈妈对孩子运动健康的问题，置若罔闻，或者把运动当做硬性指标一样，摊派在孩子身上，而自己却躲在一边，优哉游哉了。

20 世纪 80 年代，中国拍摄了一部电影。故事中的老父亲，每天逼迫着孩子参加体育运动，而自己整日端着茶杯，四处闲逛。当孩子反问他说：“爸爸为什么不跟我一起运动呢？”父亲回答说："没看到爸爸年纪大了吗？运动是你们小孩子的事情。"

孩子听完爸爸的回答，就很不高兴地离开了，而且在整个锻炼过程中情绪都很低落。当然，这个父亲是作为反面教材而出现在电影银幕上的。虽然这是个老掉牙的故事，但是它却时刻警示着所有的妈妈们：千万不要丢下孩子，让他自己运动。

在这方面，日本的妈妈们就表现得很出色，很成功。她们会在一年一度的评选活动中，选出"最佳运动妈妈"。山田杏子夫人就是其中一位。

山田杏子最忙的一天是这样安排的：某个星期六，早上九点送十岁的二儿子参加社区棒球队的比赛。把二儿子送到棒球场后，马上又送十一岁的大儿子到学校去参加学校足球队的训练。路上还要把小女儿送到体操馆去。

刚回到球场不到半个小时，二儿子的球赛结束了。带上二儿子又到体操馆去等女儿。十二点半后，大儿子已在学校门口等候妈妈驾车来接他。到肯德基吃了个快餐，二儿子的溜冰训练又要开始了。

小女儿的游泳赛被安排在下午两点半，比赛场地在另一个社区，至少要开上半个小时的车，才能到游泳馆。大儿子的足球训练是在下午四点半。也就是说，这位妈妈一定要在四点半之前从小女儿的比赛场地赶回来，才能把大儿子送到在另一个方向的足球场去。

当然，还不能忘了，二儿子五点钟溜冰训练完，正在等妈妈来接呢。等到妈妈带着三个孩子回到家，已经是晚上八、九点钟了。

当吃完晚饭之后，妈妈的运动就要正式开始了。她会练习瑜伽一直到十点半，之后，她才能上床休息。

其实，像山田杏子这样的家庭还有很多。她作为三个孩子的母亲，如果自己不能以身作则，那么，又怎么能让三个孩子乖乖地参加这么多运动呢？由此可知，只有当妈妈时刻与孩子运动在同一起跑线上时，孩子才会由衷地爱上运动，并乐此不疲。

有人说世界上的语言虽然千差万别，但是“妈妈”这个词语却是通用的。她可以适用于不同肤色、不同语言的各个国家。因为“妈妈”对孩子的那份真挚的关爱，是永恒不变的，是统一不变的。正因为这份不变的情怀，所以势必会将陪伴孩子运动的热情，点燃在世界的每个角落。

陈女士有四个孩子。她的四个孩子都是从三岁就开始参加体操训练。她的同事李教授，看了她孩子的体操训练，就很纳闷地问道：“这么小的年龄，她们能学到什么呀？无非是翻个筋斗、举举手、弯弯腰什么的，或者干脆就是在大蹦床上一个劲儿地跳。这样的锻炼有什么用啊，你为什么还要让她们参加呢？”

陈女士笑了笑，没有回答，却径直走到了蹦床前，脱下了高跟鞋，和孩子一起蹦了起来，而且一边蹦，一边洋溢着幸福的欢笑。

在学体操的同时，陈女士又带着孩子去学滑雪。看三、四岁的孩子学滑雪很有意思。一开始孩子在雪面上根本就站不稳，她就给每人一个塑料凳子，让孩子扶着在雪上走。

一个季节训练下来，大多数孩子都学会滑雪了。训练班结束前，还会搞个汇报表演一类的东西，让孩子们在雪上滑一滑。陈女士站在观众席里，看着孩子优雅的滑姿，便鼓起了最为热烈的掌声，而孩子们也从妈妈的掌声里，听到了祝福和骄傲。

当孩子长到五六岁时，足球训练又开始了。在这个年龄阶段，在不同的季节还有垒球、游泳、篮球。一年四季，每个孩子都一定参加一项或二项运动，而每次运动陈女士都一定会和孩子站在一起。

陈希是最大的孩子，已经十岁了，最小的孩子才三岁。为了让孩子参加训练和比赛，陈女士每天都忙得一塌糊涂，几乎每个星期六、星期天都是在各种运动场上度过的。

即便这么忙，她还是自告奋勇担任了大女儿的垒球队陪练、小女儿和小儿子的足球队陪练、大儿子的篮球队陪练……

很多不知情的妈妈看到她不顾一切地重视孩子的运动锻炼，都错误地以为，陈女士想要培养出一两个体育明星。

陈女士对此微微一笑，回答道："他们的身体条件，根本不符合当体育明星的要求。我之所以让孩子参加各种体育运动，只是希望通过锻炼让他们对自己的性格、身体、智力、协调能力等等有个正确的认识，并且运动能使他们受益终身。"

陈女士的回答是多么的简单而朴实。她没有太多的奢侈想法，只是希望让运动带给孩子们健康，让运动使孩子们茁壮成长。而她为了实现这一理想，竟不顾工作的辛劳，不顾生活的繁琐，始终坚守在孩子运动的每一寸赛场，也许正是因为注入了"母爱"的运动，才让运动变得更加有意义。

在运动中成长

企业人力资源管理课程中，有一个著名的用人原则——"放权"。意思是说，领导者在适当的时候，授予员工适度的权利。这样不仅可以增强企业的亲和力和向心力，还能帮助员工快速成长。其实，有时候，妈妈教育孩子和企业人力资源管理有很大的共同之处。

经常听到年轻的妈妈们抱怨，"现在的孩子到底是怎么了，怎么总跟长不大似的。想当初我像他(她)这么大的时候，我就能怎么样怎么样"等等，诸如此类的话。其实，这一切都是妈妈一手造成的。因为妈妈没有"放权"让孩子做事，没有"放权"让孩子承担责任和义务。古人云"不在其位，不谋其政"说的就是这个道理。要想让孩子快速成长起来，就要像企业人力资源管理那样，把孩子放到适当的位置，授予一定的权利，那么，孩子就会很快地成长起来了。而最适合孩子的位置，就是运动场。

运动是一项极具挑战性的活动。在运动场上，每个人随时都有可能被淘汰，只有强者才能坚持到最后，所以运动最能促进一个人的成长。

巴西是足球的王国，巴西的高中男孩儿们更是把参加足球队当做一件很重要很荣耀的事。詹姆斯太太的儿子比利和他高中的好友麦肯德，为了参加学校的足球队，早早就做好了准备。

比赛当天，烈日当头。但参加比赛的试训者却异常众多，他们熙熙攘攘地堆在了一起。原来学校要组建A、B、C三支足球队，一般来说是按年龄和球技分队，但为了鼓励竞争，低年级的身体壮、技术好的球员，也可以“提拔”到高年级的队来，每队需要25名正式的球员，但参加试训者约有200人。由此可见，比赛将是残酷而激烈的，他们每个人都在等待着命运的安排。

比赛的枪声打响了，第一轮比赛是耐力跑。首先1500米环跑，接着是400米障碍跑，最后是100米冲刺跑。

詹姆斯太太以为比赛差不多结束了吧，看孩子们累得歪歪斜斜的，耐力速度都知道了，该淘汰谁就淘汰谁吧。谁承想，试训并没有结束，接下来的是两圈环校跑，这一轮下来，直看得詹姆斯太太胆战心惊，她默默地祈祷说，总该结束了吧。万万没料到的是，又开始进行第三轮。

詹姆斯太太大惊失色地盯着赛场，场上有的孩子晕倒、有的孩子抽筋、有的孩子呕吐……当时，她是多么想把孩子叫回来，不要再比试了，无论进哪个球队，又有什么关系呢？

比赛继续进行着，倒下去的孩子，犹如一张张一闪而过的画片，从詹姆斯太太眼前飞快地逝去。她本能地站起了身子，冲着赛场上的儿子，挥了挥手。可是，究竟是召唤他回来，退出比赛，还是鼓励他坚持到底，詹姆斯太太自己也弄不明白了。

她的眼神僵直在了儿子的背影上，远去了，又近了，又渐渐地远去了。就这样孩子到底跑了多少圈，她已经记不起来了。她只记得，儿子面色煞白，一拐一拐地走到自己跟前。看着疲惫不堪的儿子，詹姆斯太太感到真的好心痛。她真想好言劝他退出比赛。但是，她看儿子并没有退出的意思，于是就止住了退出的想法。

比赛结束之后，詹姆斯太太曾这样问儿子：“那些跑在后面的，都看着没有希望，为什么不干脆退出呢？”

儿子看了看妈妈，然后很严肃地回答说：“妈妈，自己退出和选不上是完全不同的。他们可以退出足球队，也可以退出网球队，退来退去他们还能往哪里退呢？没有到最后一分钟，谁都还有机会，跑在前面的，也可能下一轮挺不住了呢！”

詹姆斯太太闻听此言，内心无比激动。她感到儿子突然间成熟了很多，仿佛在转瞬之间长大成人了。是的，运动让儿子成熟了起来，在运动场上的“拼杀”让儿子学会了自主、自强、自尊、坚持以及创造机会。

运动碰碰碰

随着各式各样的健身中心、体育会馆的大量兴建，很多妈妈便错误地认为，锻炼只有在正规的训练中心才能取得效果。其实不然，如果妈妈足够细心的话，那么就可以发现，生活中有很多锻炼的机会。比如从孩子会走路时就让他赤脚走路；冬天逐渐用冷水洗手洗脸；带孩子在雪地上玩雪、打雪仗；大一点的孩子可以学习溜冰。平时适当地给孩子少穿一点衣服，让他们露一露脖颈，露一露头，露一露小手、小脚，吹一吹风，晒一晒太阳；让他们玩一玩泥巴，玩一玩沙子，玩一玩水，到大自然中去接受各种刺激，经历风吹日晒等。这样，长此以往，也能起到运动锻炼孩子的目的。

根据英国科学家研究显示，生活中的空气、阳光、水都是运动锻炼的好“器械”，只要对此善加利用，同样可以起到进健身中心、体育会馆锻炼的效果。

1.空气——流动出的健康

孩子满月以后，妈妈便可以把孩子抱到户外，或者阳台上吹吹风。即便是秋冬季节，只要没有强烈的大风，孩子也是可以在户外活动的。但是，要注意一定给孩子带上帽子，避免起风时吹到孩子的头。此外，在户外活动的时间，一天不能超过 3 个小时。如果年轻的妈妈不愿把孩子过早地抱到户外，那么就一定要经常打开窗户，保持房间里的空气流通。

春夏季节天气渐热，此时的妈妈便可放心地把孩子抱到户外了。但是，仍有些问题需要谨记：只有当室外温度在 18 摄氏度以上，又无风的情况下，才可以让孩子在户外睡眠。

2.阳光——照耀下的健康

说起阳光给人的感觉总是和煦、温暖的。在阳光的照耀下，仿佛所有的疲倦和不悦都蒸发了似的，犹如吃了人参果，三千六百五十万个毛孔无一处不畅快。根据科学研究发现：太阳光中的紫外线可以和皮肤中的物质发生作用，产生维生素 D，可以促进孩子机体对钙、磷的吸收，促进骨骼的良好发育。

阳光除了可以保持机体的健康，还具有健康心理的重要作用。日本就有这样一所名为“阳光学校”的地方。

次五郎出生在一个单亲家庭，爸爸在他三岁的时候，出车祸去世了。为了维持这个家庭，妈妈常年奔波在外挣钱。缺少母爱的他,渐渐地趋于自闭,整天不说一句话。

后来,妈妈就把次五郎送到了“阳光学校”。在那里,次五郎每天光着身子和小伙伴们一起上学、吃饭、做游戏。次五郎很快就恢复了纯真天性,一年后,就彻底摆脱了自闭的阴影,变得开朗活泼了。

根据专家分析,“阳光学校”的成功在于,学校里的每个学生都光着身子。这样不仅可以最大限度地接受阳光的照耀,更从心理上沐浴了阳光的温暖。在那里,人与人之间是平等的,没有长幼尊卑,只有彼此间的相互照料,犹如阳光一样的和煦。

当然,由于孩子的皮肤柔嫩,不能接受强光的照射,所以妈妈在给孩子进行“阳光浴”的时候,一定要注意以下问题:

(1)不能接受长时间的照射。

(2)不要让太阳光照射到孩子的眼睛。

(3)夏天进行阳光照耀的时间最好是在上午 8——10 点;下午 4——6 点;冬天可在 10——13 点之间。

(4)孩子接受阳光照射以后,要及时地补充水分,给孩子多喝点白开水。

3.水——滋润下的健康

妈妈要经常给孩子洗澡,因为洗澡不仅仅是为了清洁皮肤,而且有利于孩子的生长。由于孩子的抵抗力比较弱,所以给孩子洗澡时,一定要保证室内的温度不能低于 25 摄氏度。孩子洗澡时,水温不能太烫,一般保持在 37 摄氏度左右。

孩子 3 岁以后就可以游泳了，但时间不宜过长，十分钟即可。如果天气太热或水温太凉,都不适宜孩子游泳。

总之,孩子锻炼的方式是多种多样的。要留心观察,就一定可以从生活的点滴之中,发现绝佳的锻炼机会。正所谓,世事洞明皆学问!

冻冻更健康

“不经一番寒彻骨，哪有梅花扑鼻香。”这是电视剧《梅花弄》主题曲中的一句歌词。从这句歌词中，我们可以得知，梅花的扑鼻芳香与外界自然环境的“寒彻骨”有着密切的关系。梅花尚且知道历寒弥香的道理，那么，更何况我们人呢？

其实，经过研究发现，小孩子适度地接受耐寒锻炼，对身体的健康还是大有裨益的。但是现实中，很多年轻的妈妈往往为了给孩子最无微不至的关怀，却忽略了孩子的耐寒锻炼。特别是秋冬季节，小孩子在妈妈的“装扮”下，简直成了臃肿的“大棉包”，然而，即便如此，有的妈妈似乎对自己做得并不满意，因此，总免不了对早已炽若炭火的孩子嘘寒问暖。正是由于这种过分的保护，所以才导致了很多小孩子经常感冒、发烧。

曾见过这样一件事情。

一位年轻的母亲，抱着生病的小姑娘，急切地冲到医生办公室：“大夫，快看看我女儿吧。她这个月已经是第三次发烧了。”母亲痛心地说。

大夫先给小姑娘测量了体温，然后就立刻给小姑娘进行点滴输液。小姑娘一动不动地躺在妈妈怀抱里，整个小脸红彤彤的，只是少了几分儿童应有的活泼和天真。

“大夫，我女儿身体这么虚弱，是不是该吃点什么东西补一补啊？”妈妈关心地问道。

医生回答说：“你女儿不是身体弱，而是穿得太暖，多冻冻就好了。”

妈妈大惑不解地盯着医生反问道:"那怎么可以啊,会冻出病来的。"

医生笑了笑,解释说:"小孩子经常冻冻,不仅不会生病,而且还能增强身体抵抗力、预防生病。"

故事里的妈妈,可以说是集中代表了所有妈妈的共同心声。她们深爱着自己的孩子,总是希望给他们最温暖的呵护。殊不知,她们却忘记了"不经一番寒彻骨,哪有梅花扑鼻香"的道理。一个孩子若要健康成长,就要在寒冷中接受锻炼。这个道理,在国外可以用"家喻户晓"来形容。因为,国外的妈妈甚至会在寒冷的冬季,也把孩子抱到户外,接受寒冬的历练。

一个冬季的下午,天空刮着风,飘着零星的雪花。在距离车站牌不远处的地方,站立着一位年轻美丽的妈妈。她身穿皮大衣,头戴一顶狐皮小帽,推着一辆橘红色的婴儿小推车。

寒冷的天气,让她不得不时刻跺跺脚,或者把皮大衣裹得更严实些。就在此时,一位中国母亲从她身边经过。中国母亲上前打招呼说:"夫人,需要帮助吗?或者到我家喝杯咖啡暖和暖和吧。"

"谢谢。我想我的孩子不会答应的,因为他正在接受锻炼。"

中国母亲闻听,不由得大吃一惊,连忙问道:"孩子?锻炼?天哪!这么冷的天会把孩子冻坏的。"

她微微笑了笑,说道:"不!不会的,这样对孩子的健康有好处。我们美国人,就是这样培养孩子的。"说着,她用手指了指远处。循着她的手指方向,中国妈妈果然发现,在一百米开外的地方,在皑皑白雪中,还站着四五位身穿皮衣、手推小车的母亲。

其实,在美国对孩子进行寒冷锻炼,早已不是什么新闻了。因为她们会在室内只有 24 摄氏度的情况下,给刚出生的婴儿仅穿一件毛衣。而且婴儿出院时,医生也会叮嘱妈妈,不要给孩子穿得太暖和,要适当地让孩子接受寒冷的刺激。

也许，看到这里，很多中国妈妈会感到不可思议。然而，事实确实如此。根据有关方面的数据调查显示，在美国青少年身体素质达标的比例占到87%。可以说这与他们从小就接受寒冷锻炼的运动是分不开的。

近年来，中国孩子的身体素质每况愈下，而与中国毗邻的日本，其青少年的身体发展状况，以明显的优势，超过了中国。究其原因，就是耐寒锻炼的加强。当中国的妈妈担心，孩子会不会冷呀，会不会生病呀等等问题时，日本的母亲们却已经开始让孩子适当地去冷一冷、锻炼锻炼了。试想，难道我们怕孩子生病，她们就不怕孩子生病了吗？天天用温暖保护孩子就能使他们增强体质了吗？结果恰好相反。越是害怕生病，越是对孩子过分保护，就越是减弱了他们的身体抵抗力，最终导致了发育缓慢、个子不高、容易生病等症状的发生。

一位日本留学生说，在日本有一所学校，那里的孩子每天中午都要在一个室外的大阳台上睡午觉，而且不论春夏秋冬、刮风下雨，天天如此。即便在最冷的月份，在日本街头，早晚也很少看到哪个孩子穿棉衣和防寒服，最多只是在“短打扮”外面罩一套绒衣，便若无其事地行进在寒风中。等太阳一出来，他们便将绒衣除去，只穿短衣、短裤、短裙。但是他们不仅没有冻着，而且身体越来越健康，抵抗力也越来越强了。

事实证明，“冷”并不是生病的最终根源，只有怕冷、畏惧冷、逃避冷的人，才是被病魔追逐的对象、才是被健康遗弃的对象。所以，以后当孩子拉着妈妈的衣角，在寒冷的夜晚，或是飞雪的季节往外冲时，妈妈就应该爽快地答应，并敞开心扉，畅享寒冷所带来的幸福、健康、快乐时刻吧！

第四章 好孩子的财商教育

在中国，仿佛一提到“钱”就感到俗不可耐，然而现实生活中离开了钱却又寸步难行。可以说，钱与一个人的生活是休戚相关的。但是很多妈妈却很少对孩子进行必要的财商教育，反而将更多的精力关注在孩子情商、智商等领域的教育上，结果这样就造成了孩子对“钱”缺少科学的认识，并且还严重地影响了孩子未来人生的理财规划。所以为了孩子能有一个光辉灿烂的明天，从现在开始，让“钱”走进孩子的内心世界吧！

理财要从小抓起

根据调查显示，中国的很多小朋友是缺乏理财观念的，在他们的眼中“钱”就像是永不枯竭的江水一般，只要花完了，就可以用各种理由和借口从父母那里支取。有时候，妈妈更像一台取款机，而妈妈也乐于被孩子如此使用。殊不知，这样做的后果，将直接导致孩子长大成人后成为“月光族”、“啃老族”或者“卡奴”。

有一次，在挤公交车的时候，听到两位母亲在谈话。其中一位说：“我们家对孩子花钱一直不那么在乎。”

另一位母亲立刻接过话题说：“谁说不是呢？现在儿子要钱就像开抽屉这么简单，根本不需要向我打招呼。前两天，我给他买了一双运动鞋，谁知道他竟然看也不看一眼。我问他为什么？他还不屑一顾地回答说，要穿就要穿名牌。同学过生日，他一下子就花了好几百元，好像我们家的钱是大水冲来似的。”

从这两位母亲的谈话中，我们不难发现，现在的孩子由于没有吃过苦，不知道金钱是来之不易的，所以就养成了出手阔绰、挥金如土的不良习惯。

其实，母亲大可不必如此骄纵孩子，而是应该精心计算出孩子每周必需的花费，可适当多给一点，一次发给孩子，并且告诉他本周内将不会再给了。或者，可以鼓励孩子做点家务劳动，发给孩子工资。总之要让孩子知道，钱是靠劳动赚来的；还要让孩子知道，大人的义务是保障孩子必要的学习和生活，额外的花费只有劳动才能获得。

犹太人被誉为世界上最聪明的人，其实他们的聪明并不是天生的，而是后天培养的。他们在很小的时候，就开始接受妈妈的财商教育了。

妈妈认为让孩子接触钱、了解钱，并学会如何合理地使用钱，不仅有利于从小培养孩子的经济意识和理财能力，而且还能养成孩子勤俭的好习惯。为此，她们给孩子制订了如下的教育计划：

3 岁：能够辨认硬币和纸币；

4 岁：知道每枚硬币是多少美分，认识到无法把商品买光，因此必须做出选择；

5 岁：知道硬币的等价物，知道钱是怎么来的；

6 岁：能够找数目不大的钱，能够数大量硬币；

7 岁：能看价格标签；

8 岁：知道可以通过做额外工作赚钱，知道把钱存在储蓄账户里；

9 岁：能够制订简单的一周开销计划，购物时知道比较价格；

10 岁：懂得每周节约一点钱，以便大笔开销时使用；

11 岁：知道从电视广告中发现事实；

12 岁：能够制订并执行两周的开销计划，懂得正确使用一般银行业务中的术语；

13 岁以上：尝试进行股票、债券等投资活动以及商务、打工等赚钱实践。

希拉里是一位坚强的小伙子，他 12 岁的时候，就在妈妈的教育下，利用放学和周末休息的时间，走上街头卖报纸了。等他长到 15 岁的时候，就已经攒下了一笔相当可观的财富。这时妈妈就鼓励他尝试着进行投资，受了鼓舞之后的希拉里不仅向当地的大金融家们提出了挑战，而且自己提出了一个响亮的口号："打败他们，成就自我"。

首先他把自己的 2 万元钱全部购买股票，然后再把挣来的钱分出一半购买基金。就这样经过了一番鸡生蛋蛋又生鸡的良好循环之后，现在的希拉里已经是当地小有名气的金融投资商了。

在犹太人的国家，像希拉里这样的孩子还有很多。他们从小就接受母亲的理财教育，虽然，卖报或者擦车并不能让孩子们赚到很多的钱，但是只要他们去做了，去实践了，就一定会有所收获，起码他们会知道钱是来之不易的，要想花钱，首先就要学会如何挣钱。

在中国，孩子被视为妈妈的掌上明珠。为了孩子，她们可以不惜一切，甚至肝脑涂地、粉身碎骨，总而言之一句话，一切为了孩子。但是，我们知道"授之以鱼，不如授之以渔"。所以与其给孩子创造财富，倒不如教会孩子创造财富的办法。为此，美国著名理财专家，曾给孩子的妈妈开过这样一副"良方"。

1.教孩子从小就懂得区别需要什么和想买什么。

2.带孩子到你工作的地方参观，让孩子懂得劳动和金钱的关系以及花钱的限度。

3.教孩子懂得区别物品的贵和贱，使他对理性花钱有初步概念。

4.鼓励孩子参与制订家庭预算，向其提示节省开支的方式。

5.在可能的情况下，将每月零花钱一次性全给孩子（从三岁起就可以），但如何花费由孩子自己决定，以培养其自决能力。

6.告诉孩子不应该乱花钱，让孩子懂得将部分所得储蓄起来的重要性。

7.让孩子在花钱时始终想到应该具有的社会责任和道德。

8.不应随意给孩子礼品，也不应该用不给零花钱作为惩罚手段。

9.孩子决定购买某种物品时，你不要发表意见，因为他正在学习自己做选择，除非他想购买的物品违背你对他的教育。

10.未能满足孩子的所有要求不要内疚，因为这会促使孩子更快地成熟，使他更有责任心和更为自重。

11.在有可能的条件下，让孩子接受正规的商务训练。

如果妈妈们按照这付“良方”照单抓药，我们相信一定能起到药到病除的效果。那么，在不久的将来，孩子们也一定会成为理财高手。

精打细算，细水长流

东北二人转《大观园》里，有这样一段唱词：“说什么白玉为堂金做马，过日子，胡吃海塞，早晚要败家。别看那珠玉满堂、宏楼广厦、大风吹倒是稀里哗啦……”透过刘姥姥的这几句唱，使我们深刻地明白了一个道理，过日子必须要精打细算。而中国一直提倡“再苦不能苦孩子。”所以，很多妈妈对待孩子，绝对是深刻领会和贯彻了“不能苦孩子”的教育精神。为了让孩子开心，妈妈们可谓是不惜“一掷千金”。其实，这样的做法只会助长孩子骄奢的心理，促成孩子花钱大方、不计后果。最后只落得个

“早晚要败家”的悲惨结局。所以妈妈们一定要培养孩子勤俭持家、有计划消费的良好习惯。

在日本,如果孩子攒的钱还不够,而他又是确实想尽快买到梦想已久的商品时,他们通常会向家长借贷,然后再用以后的零花钱慢慢偿还。这样不仅做到了计划消费,同时也可以提高孩子的理财能力。

而在高度发展的美国,孩子们会经常说“我还没有攒够钱,不能买自己喜欢的东西”、“我的钱要等到商品降价时才能用”之类的话,因为他们知道,妈妈在给零花钱方面是绝不会迁就他们的。

在美国,通常从 8 岁开始,孩子们每周就能从妈妈那里得到零花钱了,但金额不多,只有几枚硬币。孩子们要想买到自己喜欢的东西必须一点一点地慢慢积攒,而且妈妈还会时常教他们了解成年人的各种职业、什么是劳动报酬、如何区别各种商品及其价格等。这样,孩子们在买东西前就会再三权衡自己最需要什么,由此学会选择并意识到自己不可能拥有所有喜欢的东西。

看到此处,我们不禁会想到这样的一幕。一位中国妈妈,带着孩子逛超市,孩子喜欢上了一个玩具,于是就决意要买下来。可是妈妈却说:“家里已经有很多这样的玩具了,不能再买了。”接着,孩子就会纠缠妈妈,大有志在必得的意思。然后,妈妈冲他白了一眼,孩子便开始哭嚷了起来,最后就干脆躺在地上撒泼。此时的妈妈,往往会感到束手无策、尴尬万分。不得已之下,只能满足了孩子的意愿。

所以,在孩子的眼中,只要一哭二闹三撒泼,就没有办不成的事。至于买东西需要花多少钱?这笔钱可不可以省下来?这些统统都不在孩子的考虑范畴之内。孩子所需要考虑的就是,我该买哪个玩具呢?是红色的好看,还是绿色的好看呢?长此以往，就无形之中养成了孩子乱花钱的坏习惯。

古人云："预则立，不预则废"。意思是说，做事情没有计划，就会失败。其实，理财也是同样的道理。所以好妈妈会在孩子很小的时候，就有意识地培养他们的计划性。

竹枝子每月都会给女儿（花子）发零用钱，但是领取这笔费用的时候，女儿必须要跟妈妈签署一份合约，而且在花费这笔钱时，必须要做记录，以备妈妈查阅。

如下是合约条款：

1.从6月1日起花子的零用钱起始标准每周1000日元。

2.每周末核对账目，如果当周花子的财政记录让妈妈满意，下周的零用钱上浮10%，反之则下浮10%。

3.在任何一周，如果没有可记录的支出，下周的零用钱保持本周水平。

4.每周末核对账目，如果当周花子的财政记录合规定，但书写或计算不能令妈妈满意，下周的零用钱保持本周水平。

5.妈妈是零用钱水准调节的唯一评判人。

6.双方同意至少20%的零用钱将用于储蓄。

7.双方同意每项支出都必须清楚、确切地被记录。

8.双方同意在未经妈妈的同意下，花子不可以购买商品，并不得向妈妈或其他家人要钱。

9.双方同意如果花子需要购买零用钱使用范围以外的商品时，花子必须征得妈妈或其他家人的同意。后者将给予花子足够的资金。找回的零钱和标明商品价格、找零的收据必须在商品购买的当天晚上交给资金的给予方。

10.对于花子存进银行账户的零用钱，其超过20%的部分，妈妈将向花子的账户补加同等数量的存款。

看完这份合约，给我们最大的感觉也许就是——苛刻。然而正是源于这份苛刻，却促使了花子快速地成长为一名优秀的金融投资规划师。其实，一个人的成功除了自身的勤奋和努力之外，最大的因素，就来自母亲的教育。

当我们恨铁不成钢，指责孩子胡乱花钱时，不妨先静下心来，考虑一下，您有没有教会孩子要有计划的消费呢？如果没有，赶快行动起来吧！正所谓亡羊补牢，为时未晚矣。

善理财者可保长久

前不久，看了一个访谈类的节目。讲述的是一名女企业家的成长历程。说实话，这样的访谈节目对我而言没有任何吸引力。因为每个人的成功几乎都是大同小异，更何况，类似的节目每天都在播放，所以我就决计换频道。可就在这时，女主人公突然对着摄像机的镜头潸然泪下，把我深深地吸引了。

“我不是一位称职的妈妈，我对不起儿子，儿子——原谅妈妈！”女企业家眼含热泪地说道。女企业家曾是一名都市白领，收入颇为丰厚。她家住房十分宽敞，雇有 3 个佣人，生活富裕，但是她不注重理财，经常吃干花尽，长期没有积蓄，所以当她因故被辞退时，生活便开始拮据起来。

中秋节那天，按照习俗，家家户户不仅要吃月饼，还要做一桌丰盛的饭菜。可是，此时的她却连买青菜的钱也没有了。当儿子拉着她的衣角问：“妈妈，中午我们做肉吃吗？我都好久没吃肉了。”她听到这句话后，整颗心仿佛撕碎了一般疼。她不知道该跟儿子说些什么，最后竟打了儿子一巴掌说道：“谁让你这么馋嘴的，今天就不给你肉吃。”

节目结束时，女企业家告诫观众说：“不善理财的妈妈，就不是好妈妈。”

看到此处，心情可谓是百感交集，悲喜交加。悲的是由于妈妈不善理财，让孩子无端受苦；喜的是妈妈能重整旗鼓，东山再起。想必有前车之鉴的妈妈，一定会吸取教训，善加理财，让孩子过上丰衣足食的好日子。

孔子曰：富贵如浮云。也许妈妈今天能给孩子最好的物质享受，可是明天、后天呢？所以，与其给孩子留下金山银山，却不如教会他们如何理财。

曾见过一位妈妈是这样教孩子理财的。妈妈在墙壁上挂一面小黑板，对面坐着儿子。然后，妈妈一手执教鞭，一手执金融投资理财大全，煞有介事地给孩子讲解。其实，针对孩子的理财教育，有时候只需心领神会、潜移默化便足矣。

施振荣出生在台湾彰化，3 岁的时候父亲就去世了。他从小就跟母亲相依为命，也正是因为如此，母亲勤俭有道的理财观念，才深刻地烙印在了他幼小的心灵中，并一直伴随他成长。

1976 年，施振荣夫妇创办了“宏碁”电脑公司。但是，当时采用台湾主板的兼容电脑厂商，全世界到处林立，但厂商品质参差，没有品牌形象可言，就好像遍布全球的中国餐馆，虽然经济实惠，但却缺乏企业化经营一样。而麦当劳却以简单的菜单、统一的品牌、企业化经营雄霸一方。于是，他果断地提出了“快餐店产销模式”的观点。也就说，“宏碁”电脑要像麦当劳一样，在当地采购，在当地组装，让消费者买到功能新鲜、品质一致的电脑。

在正确理念的指导下，宏碁电脑公司由系统发展模式转为零件发展模式。从 1992 年下半年起，宏碁已极少出口全系统的产品，除了电脑外壳海运外，显示器、键盘等可能从宏碁在海外的工厂出货，软硬驱动器由供应商从世界各地工厂就近支援宏碁分散世界各地的 34 个组装点，主机板等附加价值较高的零件则依订单的规格随时从台湾空运到组装点。

与此同时，电脑市场进入 90 年代，已经由原来的大型主机、小型机转变为个人电脑。从 1993 年起，施振荣便开始着手建筑宏碁的新型组织，即以“三赢”（以改造流程的“快餐店模式”、用以改造组织的“主从架构”和在新的经营学下产生的“全球品牌，结合地缘”）为基础，建立一种全新的跨国公司。

1994 年，《世界经理人文摘》大幅报道这一模式，指出宏碁已替亚洲企业开辟出有别于日本、美国和欧洲厂商的第四种国际化模式。同年，哈佛大学把施振荣改造宏碁的经验编成教材，评价宏碁为“企业国际化管理的杰出个案”。

1996 年，施振荣被美国《商业周刊》选为全世界 25 位最佳企业总裁之一。《财富》则称他为“集优秀的工程师、传统的中国生意人、先锋派经理与国际企业家于一身，有远大的志向和宽阔的视野”。而他领导下的“宏碁”更是成为台湾首屈一指的品牌电脑制造商，这也使得他被尊为台湾“IT 教父”。

功成名就之后的施振荣曾经这么说过：“我母亲很有商业头脑，很早就懂得跟着市场需求的道理，早上卖鸭蛋，下午改卖奖券。其实，在很多时候经营 PC 产业和卖鸭蛋是同样的道理。卖鸭蛋的毛利率不高，靠的是薄利多销，而且每两天就要更新。PC 产品也是一样。只有保持新鲜，和最新的科技同步，才能获取最大的利润，否则就只能降价求售。”多年来，施振荣正是秉承这种理念，才使得宏碁的营业额一路攀高，到 1999 年，就已经高达 85 亿美元，纯利润 75 亿台币。

从某种意义上说，施振荣的成功是得益于母亲“润物细无声”的教化。他的母亲虽然没有直接告诉他什么是市场，也没有直接告诉他什么致富的秘诀。但是，母亲却凭借着“卖鸭蛋”这样真实的故事，在一次又一次的只可意会不可言传的教育中，让他深刻地明白了“创新”、“品质”才是赢得市场，赢得财富的道理。可以说，没有母亲“潜移默化”的教育，就没有著名的“卖鸭蛋”理论，那么，施振荣的成功也将会因此大打折扣。

正如社会心理学家研究表明，精明的母亲，会养育出聪明的小孩。奸诈的母亲，会养育出阴险的小孩。同样的道理，精通理财的母亲，养育出的小孩也一定是理财高手。

一位著名的财经专家，对“理财”做过形象的解释：收入是河流；财富是水库；花出去的钱就是流出去的水，理财就是开源节流、管好自家的水库。其实，一个人只有管理好了自己的水库，才能幸福快乐地生活。而如何进行水库的管理，就需要妈妈们悉心教导了。

火眼金睛，财运亨通

有位哲人说，机会就像空气，生活在我们身边的每一处角落，只有善于发现的人，才能抓得住它。然而，由于孩子正在发育时期，对很多事情都缺乏敏锐的判断，当然也就不能很好的发现和抓住每一次机会了。因此，身为“首辅”的妈妈，就需要责无旁贷当好孩子的“火眼金睛”了。

小惠的家里一共两台电脑，爸爸和妈妈各一台，小惠用电脑一般是哪台闲着用哪台，但难免有撞车的时候。于是，小惠就想要一台属于自己的电脑，可是，妈妈并不想直接给她买，所以决定在这台电脑上做投资教育文章。

那天，小惠正在电脑上玩劲舞团游戏，妈妈跟她说，想不想要一台属于自己的笔记本电脑。小惠以为妈妈要给她买，高兴地亲了妈妈一口，并兴奋地说：“妈妈太好了！妈妈太棒了！”但妈妈却告诉她，买电脑要她自己买，小惠一下子就像泄了气的皮球一样，提不起精神了。妈妈对她说："妈妈制订一个方案，你看如何？如果你觉得合适，你再做决定。"小惠疑惑地点了点头，不太情愿地对妈妈说："那你说吧。"

妈妈建议说，买一台14英寸的笔记本电脑，价格3200元。这台笔记本电脑在周一至周五上午9点到下午3点租赁给妈妈使用，其他时间都归你使用。同时，电脑所有权归你。我们可以签订一份为期两年的合同，年租金为1600元，合同一旦签订后，我将立即支付1600元租金给你。

小惠觉得这个方案很不错，有点按捺不住心中的喜悦，决定再征求爸爸的意见，爸爸听完后，故意对女儿说，"这个生意太划得来了，只要拿1600元就能买台电脑，明年这个时候你妈妈交第二年租金，你的本钱就回来了，一年就赚了一台电脑。"

听了爸爸的分析之后，小惠更加高兴了。于是就迫不及待的跟妈妈签署了合同。就这样妈妈顺利地教会了女儿，如何把握机会、创造财富的理财教程。

英国著名诗人王尔德说："生活中并不缺少美，只是缺少善于发现美的眼睛"，那么我们也可以这么说，生活中并不缺少机会，只是缺少善于发现机会的眼睛。然而，这句话对于犹太人似乎并不十分适用。因为他们在妈妈的教育下，早已擦亮了眼眸，时刻等待着机会的出现。

一个犹太人母亲对他的儿子说："当别人说1加1等于2的时候，你应该想到大于2。"后来，母子俩背井离乡，来到美国华盛顿做铜器生意。

有一天，母亲问儿子："1磅铜的价格是多少？"

儿子答："35美分。"

母亲说："对，整个得克萨斯州都知道每磅铜的价格是35美分，但作为犹太人的儿子，应该说35美元，你试着把一磅铜做成门把手看能卖多少钱。"

10 年后，母亲死了，儿子独自经营铜器店。儿子始终牢记着母亲的话，他做过铜鼓，做过瑞士钟表上的弹簧片，做过奥运会的奖牌。他最光辉的一件事，是把一磅铜卖到 3500 美元。

由此可见，并不是犹太人天生的聪慧，而是他们在孩子的时候，就已经被母亲训练成了一名出色的商人。所以，当他们长大之后，一旦进入商业圈，就会如同饿狼闯进了羊群一样，纵横驰骋。其实，他们最应该感谢的不是上帝，而是伟大的母亲。如果没有母亲的严格把关，给他们当好每一次的"火眼金睛"，并带领着他们开启了神奇的发财之路。那么，也许就不会有太多关于犹太人的神秘传奇了。

上面的故事并没有终结，还在继续着。1974 年，美国政府为清理自由女神像翻新扔下的大堆废料，向社会广泛招标。但没有人投标，因为在纽约州，垃圾处理有严格规定，弄不好会受到环保组织起诉的。当时他正在法国旅行。听到这个消息，他立即终止休假，飞往纽约。看过自由女神像下堆积如山的铜块、螺丝和木料后，他一言不发，当即与政府部门签下了协议。消息传开后，纽约许多运输公司都在偷偷发笑，他的许多同僚也认为废料回收吃力不讨好，能回收的资源价值实在有限，这一举动实乃愚蠢之极。当这些人都在等着看笑话的时候，他已开始组织工人对废料进行分类整理了。他让人把废铜熔化，铸成小自由女神像；旧木料则加工成底座；废铜、废铝的边角料则做成纽约广场的钥匙；他甚至把从自由女神像身上扫下的灰尘都包装起来，出售给花店。结果可想而知，这些废铜、边角料、灰尘都以高出它们原来价值的数倍乃至数十倍卖出，且供不应求。不到 3 个月的时间，他让这堆废料变成了 350 万美元，每磅铜的价格整整翻了 1 万倍。

此时的他获得了前所未有的成功。当有人请教他成功的秘诀时，他回答说："一磅铜的价格，绝不仅仅是 35 美分。"当时，在场的很多人都不明白他在说什么，也许只有他自己才明白——没有母亲赐予的“火眼金睛”就不会有他今日的成功。

财富不等于“铜臭”

很多妈妈在培养孩子时，深怕孩子染上贪钱的恶习，于是就经常在他们耳边聒噪什么“唯利是图”、“万恶‘钱’为首”等不良思想。其实，怀有这种思想的人，是片面的、狭隘的。正如《论语》中曰“君子无所争，必也射乎！揖让而升，下而饮。其争也君子。”换句话说，只要孩子能科学合理地培养理财观念，即便偶染“贪钱”的恶习，孩子也还是纯真可爱的。因为越是“贪钱”的人就越懂得生财之道。

斯比特太太是一家电脑公司的总裁，她在没成功之前，曾有过一段艰辛的苦日子。那时候为了生计，她不得不勤俭节约，恨不得把一分钱掰成两半来使用。在外人的眼中，她就是一个彻头彻尾女版“泼留希金”。但是有一天，年迈的妈妈突然告诉了她一个道理，令她茅塞顿开。

“钱不是攒出来的，是挣出来的。”

从此，斯比特太太便辞去了原来的工作，开始了艰难的创业之路。后来，她终于成功了。但是，她始终没有忘记妈妈告诉她的道理，而且传承给了她的儿子。

儿子刚满 7 岁的时候，斯比特太太就告诫他说：“一个人只有贪钱的时候，才有更大的动力去创造财富。”

从上述故事中，我们可以分析得出，孩子不能太过于纯真。尤其在社会竞争越来越激烈的今天，纯真就意味着“失败”，而

“贪钱”会像一针兴奋剂，刺激孩子以更大的欲望去创造更多的财富。就像斯比特的母亲所说：“钱不是攒下来的，是挣出来的。”倘若一个人从小就没有“贪钱”的欲望，而是安于现状，安贫乐道，固守着内心的那份纯真，试问，他又怎么能投身时代的浪潮，创造出人生的辉煌呢？

中国妈妈深受传统思想的束缚，她们认为，孩子过早地接触金钱，会让他变成众所不齿的“势利眼”、“小财迷”。其实，正是由于这种思想的作祟，才造成了孩子对金钱的无知。他们不知道钱为何物，不知道赚钱的辛苦，所以，当有一天，妈妈不能再给孩子更多的钱花时，孩子就会嗔怒母亲的无情和残忍。正如一位母亲所抱怨的那样：“我不给孩子买高档的书包，他就不高兴，而且还对我发脾气。”其实，孩子发脾气的根源就在于母亲过多的保持了孩子的纯真，他们不知道钱是什么，钱是从哪里来的。如果妈妈能正确地教导孩子去创造财富，那么也许这种悲剧就不会上演了。

记得有一篇文章，故事中的小男孩极其渴望拥有一部手机，但是迫于家庭的贫困，母亲根本就无钱给他购买，所以就故意推托说：“如果你能考上重点高中，妈妈就送你一部手机。”皇天不负有心人，孩子通过勤奋努力，顺利地考取了重点高中。于是，他就对妈妈说：“妈妈，该是到兑现承诺的时候了。”，这时妈妈又告诉他说：“孩子，农田里不会自己长出庄稼，要想获得，就要自己去创造。”后来，在妈妈的介绍下，孩子来到一个建筑工地，当搬运工，每天的收入是 30 元。一个暑假之后，他领到了 1800 元的工资。可是，当他捧着这些血汗钱的时候，曾经那个要买手机的热切渴望，却消失得无影无踪了。他走到妈妈跟前，眼含着热泪说：“妈妈，你辛苦了。是你让我懂得了赚钱的辛苦，我决定不买手机了。”事后，他才知道，这 1800 块钱是妈妈“贿赂”了建筑队，假借他们之手，交给了孩子。妈妈的目的只有一个，那就是让孩子知道钱是来之不易的。

妈妈的做法无疑是成功的。是她教孩子认识了金钱，更让孩子看到了金钱背后的血汗。俗话说，金钱不是万能的，没有金钱却是万万不能的，所以让孩子偶然“贪钱”一下，也并非是件坏事。

美国洛克菲勒财团的创始人约翰·洛克菲勒，从小就知道“要花钱，自己挣”的道理。每个周末，妈妈给他发放几十美分的零用钱，怎么花由他自己决定。如果钱不够，妈妈就会鼓励他自己挣钱。

星期天，他便忙着去拔草、打扫花园或擦皮鞋。那时候，擦一双鞋 5 美分，一双长筒靴 10 美分。有时候，他会为了 1 美分而跟客户争执不休。就这样，洛克菲勒从小就养成了贪钱的“好习惯”，而正是这种习惯的鞭策，才促成了他将来的伟大成功。

相对于洛克菲勒的故事而言，中国并不缺少口号的号召力，只是中国妈妈少了几分胆识和魄力罢了。如果中国妈妈们也敢于对自己的孩子说：“亲爱的宝贝，从现在开始，就一切向‘钱’看吧。”那么，距离孩子成功的日子，便指日可待了。

通力合作的生财之道

一位著名的企业家说：商业竞争中，没有永远的朋友，也没有永远的敌人。只要彼此间存在利益关系，那么，敌人也可以变成朋友，反之，朋友也可以变成敌人。孔子曰：“以利交之，利薄而情疏。”说的就是这个道理。由此可知，所谓商道，无非就是唯利是图而已。

天下熙熙，皆为利来，天下攘攘，皆为利往。古今天下，熙熙攘攘者，付诸终生所求之物，说白了就是一个“利”字。所以，妈妈在对孩子进行财商教育时，就一定不能对“利”字避而不谈。

然而，追求利益的方法是多种多样的。有损万人之利，成一己之利的不择手段；有成就众人大利，不惜牺牲个人小利的甘心奉献；有和“其”生财的聪明睿智，还有劳其筋骨的多磨多难。那么，身为母亲，应该教导孩子采取何种手段，赢取人生之“利”呢？事实告诉我们，唯有和“其”生财，方是上善之举。

在一个小村子里，有两位名叫柯波和柯源的小孩，他们是一对亲兄弟。但是经常由于意见不合而“分道扬镳”。用母亲的话说，他们是一对不懂得合作的家伙。因此，妈妈就时常教育他们说：“只有加强彼此间的合作，才能创造更多的财富。”

渐渐地他们长大成人，为了生活，每天辛勤地劳作。然而，即便如此，他们仍旧没有实现“富人”的生活。

一天，村里决定雇两个人把附近河里的水运到村广场的水缸里去。妈妈为他们争取到了这项工作。一天工作后，他们把整个镇上的水缸都装满了水。村里的长辈按每桶水一元钱的价格付钱给他们。

几天之后，柯波找到柯源说：“我觉得这份工作很好，但是你考虑过没有，如果我们挖一个管道把水引进村里来，是不是会更好呢？”

柯源听后说：“你疯了，我们现在的收入有多好！我算过，我们每天可以提一百桶水，每一桶水有一块钱的收入，我们每天有 100 元钱的收入。既然我们有这么好的收入，为什么要去冒那个险？现在的收入可以让我们每个星期买一件漂亮的衣服；我们好好地干，三个月就可以买一头牛。我们为什么要去挖那个该死的管道？那个管道怎么挖？挖成了又会怎么样？挖不成怎么办？我不去冒那个险。”

而柯波却坚定地回答说："我去做。"

经过这番谈话之后，兄弟二人就彻底分道扬镳了。柯源每天辛辛苦苦地挑水，而柯波却不遗余力地挖管道。结果，在繁重的压力之下，他们俩人都累倒了。

此时，妈妈建议说："为什么不能携起手来，一起合作呢？"两人听罢之后，不禁满怀愧疚地低下了头。事后，柯源放弃了挑水的工作，和哥哥柯波一起开挖水道。半年之后，河里的水就通过管道自动流到村子里了。从此以后，他们就过上了富裕的生活。

这个故事告诉了我们，只有携起手来，共同奋斗，才能创造更多的价值。倘若他们兄弟二人，依旧我行我素、自行其是，那么富人的生活也许就不会这么快地降临到他们身上了。当然，即便没有柯源的加入，柯波也能凭借一己之力最终完成任务，实现心中的理想，但是，这样无疑会加重他的负担，实现富人的理想也会变得更远。看完这个故事，我们最应该敬佩的人，其实是母亲。

随着社会分工的越来越细，一个人如果不懂得合作精神的话，那么将无法在这个世界上立足和生存。

曾记得中学政治教科书上有一幅漫画。画面上有一个足球，其原料产地标注在巴西，生产加工地标注在美国，而在遥远的墨西哥却标注了养牛产地。从这个复杂的关系图中，我们不难发现，当今的世界是一个相互合作的大世界。就连一个小小的足球，尚且需要若干国家之间的通力合作。所以，没有合作就没有钱赚。

那么，妈妈应该怎样有针对性地培养孩子的合作致富精神呢？

首先，妈妈应该经常带着孩子深入工厂车间，让孩子亲眼目睹合作的必要性。

其次，妈妈可以经常和孩子玩一些合作性强的游戏。例如：

老鹰抓小鸡、垒积木等。

最后，妈妈在烧菜做饭的时候，可以让孩子适当地帮着做一些力所能及的事情。例如：端菜、择菜、洗菜等。

总之，一定要让孩子从小认识到合作的重要性。只有养成了合作的习惯，那么孩子在长大成人之后，才能在熙熙攘攘的“利益场”上，充分发挥和“其”生财的重要作用！

引“贫穷”之源，浇“财商”之花

中国有句俗话“穷人的孩子早当家”，此话是至理名言。诚如英国著名作家所说：“平静的海洋练不出精悍的水手，安逸的生活造不出时代的伟人。”当富人的孩子懒在床上，不愿去学校上课时，穷人的孩子却已经翻山越岭，早早地等候在学校大门外了；当富人的孩子已经厌倦了肯德基的油腻时，穷人的孩子却还在为了温饱而奋斗；当富人的孩子每晚搂着妈妈的脖颈，要听白雪公主的童话故事时，穷人的孩子却在挑灯夜读……总之，是“贫穷”的力量在默默地改写着人生，是“贫穷”的力量催促着他们的成长。

小艾出生在一个富足的家庭，从小娇生惯养。每天衣来伸手，饭来张口，即便如此，只要稍有不称心的地方，她就大发脾气。更有甚者，她竟然对疼爱自己的妈妈产生了抱怨和仇恨。

有一次，小艾跟妈妈去国际商城购物，她看中了一个名牌书包，就嚷着要买。妈妈心想花一千多块钱买个书包，实在不值得，于是就没有满足小艾的要求。因此，小艾就气愤地说：“妈妈，我恨你。”

小艾的一句话，犹如晴天霹雳，多少年的疼爱，竟然在瞬间变成了“炮灰”，化成了一句犀利的“恨”字，妈妈的心被划伤了。但是，她清醒地知道，这一切都源自孩子从小就没体验过什么叫“贫穷”。于是，放暑假的时候，妈妈就毅然决然地把小艾送进了夏令营。

在夏令营的经历，让小艾彻底地明白了，生活中原来还有“贫穷”。只是自己幸运了一些罢了。是上天把她托生在了一个富足的家庭，又有一位疼爱自己的妈妈，所以小艾感到幸福极了。回家后，她仿佛脱胎换骨了一般，她努力地改掉了从前所有坏习惯，开始以一种崭新的姿态去热爱生活，热爱妈妈和身边所有的亲人了。

通过这个故事，我们再次体验到了“穷人的孩子早当家”的力量。如果小艾没有被送进夏令营，那么，她也许一生都不会知道什么是贫穷，也就永远不会珍惜现在的美好生活。所以妈妈在给孩子们幸福和快乐的时候，偶尔对孩子进行“贫穷教育”也是大有益处的。

在法国南部的一个小镇，那里的孩子吃忆苦饭非常流行，其宗旨据说主要是为帮助孩子懂得珍惜粮食，学会同情穷人，或直接或间接地获取国际知识。

为了全面而深刻地开展“贫穷”教育，很多妈妈自发组织了一次为期一天的“乞讨”活动，按规定，由少数孩子担任慈善机构的工作人员负责发饭，而其他大多数孩子则扮演流浪汉、乞丐或穷人。

在这一天内，每到就餐的时间，扮演不同角色的孩子们便各就各位“体验”生活。只见“工作人员”仔细地将饭菜分发给每个“无家可归者”，而“乞讨者”则就地坐下大吃起来。

尽管这种“生活体验”课的形式十分活泼，但孩子们的神情却相当严肃，因为他们都郑重其事地把它看作是一次宝贵的

"生活体验",而并不把它当做一场闹着玩的游戏。

再看看"无家可归者"要来的饭菜,分量明显不够,而且面包制作得十分粗糙,至于菜,也只有水煮的土豆块加2片肥猪肉(法国人普遍不吃肥肉,因此价格十分低廉)。

在孩子们用餐时,有一名妈妈则在一旁提醒说:"在100年前,法国无家可归者在总人口中所占的比例要比今天高出1倍之多。即便目前在法国,仍有至少80万无家可归者,至于在全世界,至少还有2亿人靠要饭为生——这些人平时吃的饭菜,大多比这顿午餐更差"。妈妈的话语引起了孩子们深深的思索。

值得一提的是,孩子们绝大多数不愿担任"工作人员"而宁可扮演"无家可归者",因而实际上那些"工作人员"往往只能由妈妈评委团指定某些孩子担当。不难想象,虽然仅仅只是一天的"乞讨"生活,但是对于这些习惯了养尊处优的孩子来说,其实并不好过。他们中有的反映说乏力、头晕;有的感觉注意力难以集中;有的说十分想念家里的美味佳肴;还有的说终于体会到贫穷究竟是什么滋味了。

通过此次"乞讨"活动,让孩子们清醒地认识到了,以前生活中的诸多不应该行为。于是,孩子们立刻表示,以后也不会浪费粮食,而且他们还向妈妈们保证,以后再也不乱花零用钱了。

当然,对孩子进行"贫穷"教育的最终目的,并不是单纯让孩子去吃苦,而是希望孩子在吃苦的过程中,领会生活的艰辛,并从此树立科学的理财观。

给孩子的私房钱找个“好婆家”

很多妈妈认为，让孩子提前拥有属于自己的“私房钱”在一定程度上，有利于培养孩子在经济上的独立性。

根据国际消费者协会一项涉及1500个不同信仰、收入和教育水平的家庭所作的一项专项调查，在拥有未成年子女的家庭中，比例达75%的妈妈赞成并实施给自己的孩子发放零用钱。

她们认定，即便是小孩子也会有各自特殊的消费需要。此外，他们的“社交活动”尽管看起来并不像成年人那么正式，但同样需要一笔开销，对此妈妈理应予以尊重和支持。

在国外，每逢圣诞节或者生日时，小孩子从妈妈那里得到的零用钱，可能是平常的2——3倍。而在中国传统节日——春节，小孩子得到的压岁钱，少则数元，多则上千元。那么，针对孩子这笔可观的“收入”而言，应该如何善用才是最科学与合理的呢？

由于很多妈妈认为，这笔钱是属于孩子自己的“私房钱”，因此，并不主张“越俎代庖”地将其储蓄起来。而是鼓励他们合理地消费掉，如购买喜爱的零食、玩具或衣服等。

金融投资理财专家说：孩子的私房钱，无论是储蓄，还是快速的消费，都是不合理的。作为家长，应该积极地为这笔钱找个好婆家，即给他们设立一个个人的独立银行账户，并且引导他们通过消费来学习科学的理财观。

当然，由孩子自己独立掌握这么一大笔资金时，难免会情不自禁地胡乱购买不需要或不合算的物品。那么，妈妈此时大可不必大动肝火或对孩子横加责备，最好是权且把它当做孩子学本领时必须付的“学费”罢了！

然而，事实告诉我们，绝大多数孩子一开始出现的“消费膨胀”心理，在经过一定时间的自我反省和家长帮助后都会恢复到正常状态。

同时，“独立账户”可能给另一些孩子带来的另一种极端，那就是在无意之中使其过度捂紧了自己的钱袋。他们往往会很自然地想到：既然这些钱都已归入我的名下，那么我就理应尽量缩小开支。那么，一旦发现孩子出现了这种消极的消费观念以后，妈妈应该及时采取一些办法来鼓励、引导孩子突破“守财奴”似的想法，迈向勇敢大胆的积极消费理念。

妈妈可以耐心、细致地启发孩子作出消费，例如建议孩子邀请小伙伴去看一场电影，买一个新的书包或文具盒，给爷爷、奶奶送上一些水果等。总之，如果孩子的消费合理又有意义，那么妈妈应该积极地表扬和称赞孩子，借此予以鼓励。

给孩子开设独立的个人账户，不仅为培养孩子的合理消费提供了实习场所，而且也可帮助培养孩子合理储蓄的良好习惯。即所谓的消费、节约两手抓。

妈妈还可以与孩子商议其独立账户必须保留的金额基数，然后一起制订短期的储蓄和消费目标：开始时可能仅是小目标，如一个羽毛球拍、一件飞机模型等，一般只须储蓄几个星期便能大功告成；此后可转向较大目标，须耐心储蓄几个月才能实现夙愿；最后上升至更大的，须储蓄上一年半载的大目标。

要是在这段时期孩子受到其他东西的诱惑而没能屹立不倒，那么他就必须为自己的或合理或不太合理的花销负责。换句话说，责任人除了妈妈以外，更重要的就是孩子自己！此外，在这期间，孩子还可以学到一种宝贵的责任心，以及一颗不患得患失的平常心。

给孩子私房钱找“婆家”的事情，已经受到越来越多的妈妈认可。但是,要使孩子的个人账户真正发挥帮助孩子学会理财的积极作用,妈妈对账户适度监管也是极为重要的。因为如果妈妈对其尚未谙世事的未成年孩子过度信赖而对孩子账户的使用情况不闻不问,那么孩子可能很快便沦为大手大脚乱用钱的败家子。

反之,如果妈妈事事管、样样问,孩子的一切消费仍由妈妈做定夺,甚至干脆将账户锁进自家抽屉里,那么孩子同样也会因没有机会亲身经历理财的过程而领悟不到理财的真谛,当然也难以达到训练孩子自由理财的目的了。

总之,在训练孩子科学理财观这件事情上,妈妈就好比是监军,孩子才是三军统帅。妈妈只可参与其事,却不可越“帅”定夺。

消费童年,快乐童年

现实生活中,很多妈妈都不允许孩子乱花钱,即使偶尔一次也不行,其实这样大可不必。实时监管和绝对的禁令也许能防止孩子们一时乱花钱,但对于他们的财商教育并没太多好处。

兰溪是一位乖巧的女孩,每次考试都能得100分。可是谁能想得到,就是这样的女孩,竟然也做起了“坏事”。

兰溪说:“妈妈有时会给我和哥哥零用钱,并给我们每人一个盒子,希望我们能把钱攒起来。只有在过节或是家里有人过生日的时候,才允许我们动用盒子里的钱。但我认为那些钱是属于我的,妈妈没有权力不让我花钱。所以我总是偷偷地买我想要的东西,其实我是非常希望和妈妈一起分享的。我做的‘坏事’还不止这些。我哥哥总是不舍得用他的钱买东西,所以他攒的钱就比我多。为了不让妈妈发现我在偷偷花钱,我只好暗中

‘偷’哥哥的钱花”。由此可见，如果妈妈限制孩子花钱，但是，又不能进行全方位监管的话，其结果可能造成不良的影响，所以妈妈应该明白这样的道理：对孩子管得越严，最后出问题的可能性就越大。反之，如果给孩子们一定的自由度，他们撒谎的可能性就会小一些，出问题的情况也会相对减少。

英国一位著名作家曾说：懂得如何花钱的人，是快乐的。就像上述故事中的兰溪，她的心愿不就是想和妈妈一起分享花钱时的快乐吗？然而，正是这么一个小小的心愿，在妈妈的严厉监管之下，竟不能实现，这不能不说是一种悲哀。然而，真正可悲的是，孩子们在有钱不能花而内心又充斥着强烈的花钱欲望时，撒谎、欺瞒也就水到渠成了，成了“对付”妈妈最有力的武器了。

还有一些妈妈，虽然不是过分地控制孩子花钱，但是她们却自以为是地认为自己在如何花钱方面要比孩子更高明、更正确。于是，就不由自主地当起了孩子的“参谋”。殊不知，孩子花钱时的快乐，往往是和妈妈不一样的。例如，一个孩子用1毛钱买到了他非常想要的东西，虽然当时那种满足感很短暂，但是当他长大成人以后回想起这段往事时，也许仍然会认为当时的那种快乐是现在用10块钱也买不回来的，是无法代替的。但妈妈却不这么想。妈妈常常是根据自己的经验，想当然地认为把钱花在能带来长久快乐的事情上才是正确的，而把钱花在只能带来瞬间快乐的事情上是不值得的、是愚蠢的。在这个过程中，妈妈们犯了一个大错误，那就是把自己的经历和感情作为一种标准，用来衡量孩子们的快乐和满足，这会使孩子们的快乐值大打折扣。

鹏鹏四岁的时候，有一天，姑姑和姑父来他家串门，还带了小表妹。妈妈给了鹏鹏一块钱，让他和表妹一人一半去买糖果。于是，鹏鹏和表妹就找了一把剪刀把钱剪成了两半，他们俩一人一半，一起奔向糖果店。结果伤心地发现糖果店的老板根本不收他们的钱。

鹏鹏和表妹沮丧地回到了家里，告诉妈妈说："一人一半的钱，糖果店老板不收。"他说着就把剪成了两半的钱，拿给妈妈看。妈妈看到他们的"杰作"之后，不由得乐了起来。可是，两个小孩子脸上却没有一点笑容。因为妈妈的一句话，破坏了他们将要花钱时的快乐。后来，妈妈又给了他们每人一枚硬币，这样鹏鹏和表妹再去糖果商店，买到了自己喜欢的东西，面带着笑容，一蹦一跳地回家了。

这个故事说明了，孩子和妈妈对快乐的解读是不一样的。就像鹏鹏不能理解"一人一半"的真实含义一样。所以在花钱的问题上，妈妈认为正确的，而孩子们却有可能不这么认为。

快开学的时候，海若和妈妈一起上街买东西。在经过百货商店的时候，海若坚持要买一个变形金刚玩具，而妈妈却始终坚持给他买一个新书包。当时海若生气极了，他气愤地说道："我宁可不要变形金刚，也不要新书包。"

从海若的这句话中，我们不难理解他的伤心程度。可是由此也说明，妈妈和孩子在用钱上的迥然不同。对于妈妈或者某些孩子来说，买一件新衣服或者一个新玩具都是一件非常高兴和值得自豪的事。但是，问题的关键在于，这必须建立在他们自己自愿的基础上。而如果像海诺的故事那样，被强迫着按照妈妈的愿望去做自己不喜欢的事，伤心和气愤当然就是在所难免的了。所以，妈妈应该积极鼓励孩子，学会享受花钱时的快乐。

海伦十三岁之前，她从来没有单独一个人去城里买过东西。但是有一天，妈妈终于答应让她自己去了。海伦带着崭新的钞票出发了，她突然感觉自己简直就是世界上最富有的人。她逛那些大商场，看到什么都感到惊奇，就连乘坐那些公共汽车也让她觉得非常有趣。虽然，她没有买任何东西，但是只要一想到钱装在自己的口袋，可以随心所欲地购买自己喜欢的东西时，内心就禁不住掠过一阵狂喜。

在圣诞节将至的时候，海伦精心计算着每件礼物要花多少钱，以及需要买些什么礼物送给亲友。她认真计算的模样，俨然一个小大人似的。海伦计算好了之后，便出门去了商店，按照事前的计划，她买了一大堆礼物。当她把礼物送到妈妈手上的那一刻，妈妈突然感觉，海伦长大了。

经过这次购物，不仅让海伦深刻体会到了花钱时的快感，也让她认识到了钱的重要。从此后，她总是小心翼翼地计算着每一笔花费，并学会了自己应该如何赚钱的方法。

古人云："有心栽花花不发，无心插柳柳成荫"，对妈妈来说，鼓励孩子去花钱，似乎是培养孩子铺张浪费的坏习惯。其实不然，海伦的故事不就是最好的例证吗？

正如学游泳的人一定要下水才能熟悉水性，才能学会游泳一样。要想让孩子们认识金钱、学会打理金钱，就必须让他们在花钱的过程中去认识钱。

海伦的家住在农村，每到夏天她就会去摘野果，然后把它们卖掉。她的妈妈还会让她帮忙摘黄瓜，一筐 1 块钱。有时候，妈妈还会让她跑跑腿，做点杂活，这样也能挣点小钱。此外，妈妈经常会给她零用钱，但数量都很少，只有加上她自己挣的钱才够花。不过，虽然她会经常进城买东西，体验花钱的快乐，但是，每次买完东西后，她总会更加努力地赚钱和储蓄。

海伦的故事告诉我们，妈妈们担心过早地让孩子接触钱会造成不良的习惯的认识是错误的。其实，善于理财的妈妈，通常是不会阻拦孩子花钱的。她们会循序渐进地引导孩子学会如何用钱买东西，了解钱可以满足他们的哪些愿望。这样孩子在财商方面的成长，就会沿着母亲事前铺就的轨道，健康有序地发展。同时，孩子在了解到用钱可以买东西之后，他们才能有动力去赚钱。因此，善于理财的好妈妈在对孩子进行财商教育时最重要的一项，就是要告诉孩子钱的正确用途，并引导孩子在实践中，正确地使用金钱，感受其中的万千妙趣。

当然，妈妈在一开始的时候，不能让孩子单独买价钱很高的东西。不过让他们试着买一些小东西，还是必要的，可谓是花钱不多，快乐多多。

财运人生从选择开始

理财是一种综合能力的体现，其中，起到决定性作用的因素就是“选择”。很多人都曾有过这样的经历，两条前途未卜的道路突然出现在眼前时，就会犹豫不决、踌躇不前。其实，理财投资与之同理。往往一位出色的理财者，遇到这种情况，通常会表现得临危不惧、坦然自如、胸有成竹，而这一切都源于善选择。因此，能否创造巨额财富、能否开创辉煌人生，关键就在于能否善于选择。

赫拉是众神之母。她的大儿子阿瑞斯是个非常勤奋的青年，他很想在各方面比身边的兄弟姐妹强。可是，经过许多年的努力却没有长进。他很苦恼，就向母亲赫拉请教。

听完儿子的倾诉，赫拉把他带到江边，叫来正要去砍柴的 3 个孩子，嘱咐说：“你们带着他，到山里砍一担他自己认为最满意的柴。”

阿瑞斯和 3 个兄弟听完母亲的交代，沿着湍急的江水直奔山里。

等到他们返回时，赫拉在原地迎接他们。阿瑞斯满头大汗地扛着两捆柴，蹒跚而来。两个弟弟一前一后，前面的弟弟用扁担左右各担 4 捆柴，后面的弟弟轻松地跟着。

正在这时，从江面漂来一个木筏，上面载着最小的弟弟和他砍的 8 捆柴，他悠闲地停在母亲面前。

母亲笑着问："你们是否对自己砍的柴火满意呢？"

阿瑞斯和那两个先到的弟弟你看看我，我看看你，沉默不语。划木筏的小弟弟与母亲坦然相对。

母亲见状，问："怎么啦，你们对自己的表现不满意吗？"

"母亲，让我们再砍一次吧！"阿瑞斯请求说，"我一开始就砍了 6 捆，扛到半路就拿不动了，扔了 2 捆，又走了一会儿，还是累得喘不过气来，就又扔掉 2 捆，最后我就把这 2 捆扛回来。母亲，我真的已经很努力了呀！"

"我和他恰恰相反，"其他两个孩子紧接着说，"我俩刚开始每人砍两捆，4 捆柴一前一后挂在扁担上，跟着阿瑞斯走。我和弟弟轮换担柴，这样不但不觉得累，反倒觉得轻松了很多。而后又把阿瑞斯丢弃的 4 担柴，担了回来！"

用木筏的小弟弟说："我个矮力气小，别说两捆，就是一捆，这么远的路也担不回来！所以我选择了走水路……"

母亲用赞赏的目光看着她的小儿子，然后走到阿瑞斯面前，拍着他的肩膀，语重心长地说："一个人要走自己的路，这没有错，但关键是应该怎样走。走自己的路，让别人去说，也没有错，关键是你走的路是否正确。阿瑞斯，你要永远记住：努力需要方法，选择正确的方法比努力重要啊！"

由此可见，一个不会选择的人，是不可能成功的。在现实生活中，无论是工作学习，还是生活投资，无一处不需要进行选择。有人说，投资就像一场博弈赛，在比赛刚开始的时候，谁也不知道谁会取胜。但是，有一点可以肯定，那就是谁善于选择、决断，谁获胜的可能性就大。所以妈妈在对孩子进行财商教育时，一定要让孩子自己学着做选择，自己做决定。哪怕他们的选择是错误的，妈妈们也应该积极的鼓励，并且从中吸取经验教训。这样，孩子就会在以后的理财道路上做出正确的选择了。

朱妈妈每天都给儿子 5 毛钱,让他买东西吃。可是,连续好多天,妈妈都发现儿子只买一种零食——棒棒糖。而且每次只能买一根,所以当儿子吃完棒棒糖之后,又会找她要钱。于是妈妈就告诉他说:“好儿子,你知道糖有多少种类吗?”

儿子摇了摇头,表示不知道。妈妈语重心长地说:“糖有很多种类,你每天用 5 毛钱买一根棒棒糖,那你有没有想过用 5 毛钱买更多的糖呢?”

儿子点了点头说:“想过。”

妈妈开心地说道:“那你知道该买什么样的糖了吗?”

儿子回答:“知道。”然后就攥着 5 毛钱飞快地跑向了小商店,不一会儿子果然拿了好多糖回来了。但是,那只是一粒粒的小糖块而已。虽然小糖块和棒棒糖的味道有所差别,但是我们所要探讨的并不是糖的质量问题,而是如何让孩子学会选择,让他用有限的资金,购买更多的东西。

有一次,朱妈妈带着儿子去超市。儿子同时看中了两样东西都想买,但是他们的钱只够买一样。于是妈妈就对儿子说:“鱼和熊掌不可兼得,你只能从中挑选一样。”后来,儿子选了一个价格相对便宜的火车模型,高高兴兴地跟妈妈一起回家去了。

从这个故事中,我们可以发现,让孩子自己选择,远比由妈妈“代劳”的效果要好得多。事实证明,在选择的过程中,不仅可以让孩子感到尊严,还能有利于培养孩子健康的理财观。所以放开双手,让孩子自由选择,才是理财教育真谛之所在。

让孩子喜欢上学习

第五章

《三字经》曰:“玉不琢,不成器。人不学,不知义。”意思是说,如果一个人不好好学习,就不会明白很多事理。然而现实生活中,很多妈妈经常苦口婆心地劝孩子用心学习,可是妈妈的话却如同掠过耳边的清风,转瞬间便消失得无影无踪,孩子依然是我行我素地厌倦学习。那么针对这一情况,妈妈应该怎么做才能让孩子喜欢上学习呢?

偶像崇拜效应

一提起“偶像”这个名词，相信很多人都会为之眼前一亮。因为我们每个人的心中都有一位崇拜的偶像。不知道妈妈们有没有发现，只要是孩子偶像所代言的无论任何品牌产品，他们都会不顾一切地去购买。其实，这就说明了一个问题，偶像的效应是巨大的。由此我们可以说，孩子不喜欢学习，其根本原因就在于，孩子没有把知识当做偶像来崇拜。所以，要想让孩子真心爱上学习，首先就要树立知识在孩子心目中的偶像地位。

丹丹是个爱学习的女生，她对知识的热爱，完全归功于妈妈对她的教育。

开始的时候，丹丹和其他同龄的孩子一样，对学习和读书充满了厌倦。那时候，无论妈妈怎样引导她，也不能把她从那种贪玩的天性中拉到热爱知识的轨道中来。直到有一天，或许是上帝的安排，让她真正地懂得了知识的重要。也就是从那时起，丹丹开始崇拜上了知识。

有一天，丹丹和一群小伙伴在外面玩耍时，发现了一只受伤的宠物狗，丹丹就毫不犹豫抱着那个可怜的小家伙飞快地跑回了家。

“妈妈，妈妈，快帮帮我。”她一进门就冲着妈妈大喊起来。

“这么惊慌，什么事？”妈妈奇怪地问女儿。

“这只小狗受伤了，快想想办法。”丹丹焦急地说道。

妈妈让她抱着小狗一起去找自己的一位朋友。她是一个出色的外科大夫，对于她来说，接好一只小狗的腿骨是一件轻而易举的事。

后来这只宠物狗恢复了健康并成了她们家庭中的一员，丹丹也因此而多了一个小伙伴。

通过这件事，丹丹迷上了生理学和医学，并真正地热爱上了知识。她相信只有知识才是最值得崇拜的偶像。

“妈妈，医生太伟大了！”有一天，丹丹看着那只恢复健康的宠物狗，丹丹感叹道：“如果没有医生，这只小狗恐怕永远也不能再走路了。”

“是啊，如果没有医生，不仅这只宠物狗不能得到恢复，就连我们人类也会有吃不完的苦头。”妈妈回答说。

“妈妈，我也想成为医生，这能行吗？”丹丹看着妈妈，她的眼神似乎在期待着妈妈的肯定。

“为什么不能？只要你努力学习，并掌握必备的医学知识，你就能成为一名优秀的医生。”妈妈笑着对女儿说。

“真的吗？”丹丹的眼睛中流露出兴奋的目光。

“当然是真的，妈妈什么时候骗过你。”

“那么，你教我吧。”丹丹说道。

“这个我可做不到，因为我不是研究医学的人，不过我可以先教给你一些简单的有关医学的知识。”

“医学的知识？”

“是呀，掌握医学的知识是成为一名医生的第一步。”妈妈把她带到了书房，并将自己收藏已久的一副骨骼标本拿给她看。

就这样，5 岁的丹丹对人体发生了兴趣，并开始学习生理学。

可能是丹丹太崇拜知识的缘故吧，不久她便在这一领域的学习上取得了很大的进步，在 12 岁时就在行医开诊考核的初试中获得了合格成绩。

这样一来，丹丹不仅认识到了医学知识对于一个想成为医生的人的重要性，也认识到了物理学、化学、生物以及其他各科门类所有知识的重要性，并在以后的日子里成了一个热爱知识并拥有知识的人。

看完这个故事，相信很多妈妈都会为丹丹的成功鼓掌喝彩。其实，每个孩子都可以像丹丹一样出色，关键就在于，你是不是也可以像丹丹的妈妈一样出色，善于引导孩子，积极树立知识在孩子心目中的崇高地位。

同样是一只小狗，小新的妈妈——美芽，就对其表现出了极大的不耐烦。当小新把小白（流浪狗的名字）抱回家里时，妈妈的第一反应是气急败坏地命令小新："把它给我扔出去！"虽然，在小新的苦苦哀求下，妈妈同意收留小白。但是，她也从来没有和小新一样表现出对小白的关爱。因此，就更不用说，寻找机会劝导小新用功读书学习了。相反，妈妈每天都会提高声音到 120 分贝，怒吼着："小新——赶快把它带出去！"所以，小新不喜欢学习，甚至在课堂上调皮捣蛋，也就不难理解了。

通过两个故事的对比，我们可以明显地发现，开启知识宝库的钥匙，紧紧地握在妈妈的手中。只有妈妈不失时机地让孩子一睹"知识"的真面目，才能唤醒孩子对知识的崇拜之情，才能让孩子由衷地爱上学习，爱上读书。

让孩子主动学习

我们生活之中有一些孩子，他们的生活几乎每天都是在“忙碌”中度过。他们一天到晚有写不完的作业、看不完的书、参加不完的培训班，可以说，他们的生活死气沉沉，没有丝毫情趣可言。但是，这种“填鸭”式的教育真的对孩子有帮助吗？答案是否定的。

柯如的妈妈是个心比天高的女人，为了能让女儿出人头地，她给孩子安排了许多学习内容。柯如每天除了吃饭和睡觉之外，几乎每天都被关在房间中啃那些充满“蜡味”的书本。此外，妈妈还不容许她与别的孩子接触，也很少带她到外面玩。读书、学习，几乎是柯如唯一能做的事，这位愚蠢的妈妈以为这样便能培养出一个天才。然而，她忽略了一件重要的事，就是有填塞进肚里的知识，没有“主动”胃黏膜的消化，是不能转化成营养物质、不能被孩子吸收的。简言之，孩子“吞”进肚子里的不是知识，而是文字。

所以培养孩子爱学习的好习惯，光靠妈妈的“强行”政策是不行的。牛牛是隔壁邻居的孩子，他聪明活泼，就是不爱读书。

有一天，妈妈下班回来，见他在外玩耍，就揪着耳朵，把他拉回了家，锁在屋子里了。

“今天不写完作业就不准出门。”妈妈严厉的斥责说。

没一会儿，妈妈就上街买菜了。临走的时候，特意锁上了大门。可是，等妈妈回来的时候，牛牛竟然又跑出去玩了。

这次妈妈大发雷霆，把牛牛一把抓了回来，按在地上，接着就是一顿暴打。牛牛扯着嗓子，跪地求饶。

最后，牛牛在妈妈的“监督”下，一直写作业到深夜。期间，牛牛只要写错一题，妈妈就会毫不犹豫把他的作业本撕得粉碎，让他重新来写。即便如此，牛牛还是心不在焉。

其实，牛牛的故事就深刻地告诉了我们，强迫孩子学习是一种错误，这样做只会让孩子对学习产生抵触情绪，甚至厌倦。中国有句俗话“老牛不喝水，不能强按头。”此话用在孩子学习上也是恰如其分。

林峰从小接受的教育就是自愿的学习，如果他不想学习，妈妈绝不强求。事实是，林峰正是在这样一种无拘无束的轻松环境下，才养成了爱学习的好习惯。他会尝试着学习每一种知识，而且在学习过程中，由于没有妈妈的监督，他会感到很快乐，并且会主动要求自己学习更多的知识。

有一次旅行中，林峰就毫不费力地掌握了一个物理学原理。坐在火车车厢里的林峰指着窗外说道：“那些树正在飞快地向后面跑，妈妈。”

“不，那不是树木在向后跑，而是我们坐的火车在向前跑。”妈妈笑着对儿子说。“不，我认为我们坐的火车并没有动，而是窗外的树木在动。”林峰天真地说：“因为我在这儿坐了很久了，但并没有发现火车有什么变化，反而发现外面的东西都变了。这不是说明窗外的东西在动还能说明什么？”

“那么，假如现在你不在火车上而是在窗外的话，你会怎么想呢？”

“这个嘛……”林峰想了想说，“一定是我也会向后跑，就像那些树木一样。”

“你能够跑那么快吗？”

“是呀，我能跑那么快吗？这可有些奇怪了。”林峰充满疑问地说道。

“虽然你不能回答这个问题，但我仍然向你表示祝贺。”

“什么？祝贺我什么？”

“你今天发现了一个物理现象，当然应该祝贺啦。”

“我发现了一个物理现象？”林峰不解地问。

“你刚才发现的，正是一个参照物的问题。”于是，妈妈耐心给他讲解：“你之所以说窗外的树木在向后跑，是因为你把火车当成了参照物，也就是说相对于火车来说，树木的确是向后移动了。反过来，如果把树木当成参照物，火车就是向前跑了。”

“我明白了。怪不得我会认为火车没有动呢！这是因为我把自己当成了参照物，火车带着我向前行驶，我们一起在运动，当然就不会感到它也在动！”林峰高兴地说道。

“那么，把你放在窗外会有什么效果呢？”妈妈问道。

“假如我站在窗外的地面上并以我自已作为参照物的话，火车就是运动的了。”林峰回答道，“假如仍然以火车作为参照物的话，我就是和树木一样在向后飞跑了。”

“那么，你能跑那么快吗？”妈妈又一次问道。

“当然能，因为这是相对的，火车能跑多快我就会有多快。”

林峰在轻松愉悦的氛围中，就快速掌握了物理学中的“参照物”原理。而且，整个受教过程，都洋溢着温馨和亲切，丝毫没有母子间的“剑拔弩张”。由此可见，只有树立在自愿基础上的学习，才是有效的，才是事半功倍的。倘若林峰的妈妈在平日里就强令他读书、学习，那么，在火车旅途中的片刻闲暇，林峰一定不会关心窗外的树木是否前进还是后退，而是及时享受这份来之不易的“放松”。所以，如何教导孩子自愿学习，也是妈妈应该学习的课程之一。

隐藏在身边的秘密

我们经常会听到这样的对话：

“说过多少遍了，这道题应该这样解答！上午刚教你的，怎么下午又错了？”

“妈妈，我讨厌做作业，让我看一会儿电视再做好吗？”

“不可以！你今天不把这些题目都做完就别想看电视！”

由此可见，妈妈和孩子仿佛永远都是对立的两面。孩子最关心的是“玩”，而妈妈最关心的则是如何让孩子爱上学习。

关于孩子的学习问题，曾有一位母亲这样说过：“21 世纪是信息和艺术的世纪。要想学好信息技术，首先就要学英语、数学，然后就是音乐、美术、鉴赏等等。”那么，在如此多的选择中，母亲应该如何选择呢？最后为了保险起见，干脆能学的都要学。

这样做当然是满足了妈妈的心愿，但是妈妈让孩子学的东西，并不一定都是孩子想学的。对孩子来说，他们有自己的喜好，对于自己不喜欢的东西，随时都会厌倦。

一位妈妈听同事说，自己的孩子刚学完日语，正打算学习韩语。于是，这位妈妈就坐不住了，回到家就开始逼迫自己的孩子学各国语言，最终将一个和睦的家庭变成了争吵的战场。

那么，妈妈究竟应该怎么做，才能促成孩子爱上学习呢？显然，横加干涉的做法是行不通的。

《老子》中记载着这样一句话：“治大国若烹小鲜”。意思是说，治理一个很大的国家，就像在厨房烹饪鲜美的小菜一样简单。于是，聪明妈妈就开始从厨房和相关用品出发，引导孩子走上了学习之路。

有一天，妈妈带着两个孩子去一个大型超市买食品。她就忽然突发奇想：能不能让孩子在买东西中学到知识呢？

这时妈妈正好看到陈列在货架上的食用油，而昌明就站在她的身边，于是妈妈问道："昌明，一大桶食用油和两小桶食用油相比，哪个量更多？"

正兴致勃勃看这看那的昌明听到妈妈的问题后，拿起一桶食用油看了一会儿嘴里嘟囔着："看一看包装，马上就可以知道了……"这时，一旁的昌德走了过来，他拿起油桶说："这里不是标明重量吗？把两小桶的重量加在一起就可以和大桶的重量进行比较了。"

昌德和昌明举着油桶算了一会儿高兴地说："妈妈，一大桶和两小桶食用油的重量是一样多，您别担心，买哪个都可以。"

妈妈听到答案后，很是开心。于是，她又对孩子们说："妈妈今天就带了10元钱，现在你们就帮妈妈挑选10元钱的食品回来好不好？"

妈妈的话刚说完，孩子们的脸上就露出了兴奋的光芒。他们往返穿梭在各个货架前，不时地把东西拿下来看看，然后，低着头小心翼翼地计算。就这样，最后他们用10块钱买了一大筐东西。

从那以后，每次去市场的时候，妈妈都会让孩子们计算价格。不久之后，孩子们的学习计算能力就有了突飞猛进的发展。妈妈还惊讶地发现，孩子们不光计算能力提高了，而且对各门功课，都表现出了极大的热情。因为孩子在购物的时候，他们会小心地观察每种产品的营养成分、生产日期和产地。如果他们遇到问题，就会及时地翻书查阅，或者请教老师，这样孩子们得到的知识就更加牢固了。

除此之外，妈妈还可以把孩子引进厨房，在孩子择菜、洗菜、切菜、炒菜的过程中，选择恰当的时机，向他们提出问题，并指导他们做出正确的回答，或者鼓励他们自己找出答案。通过购物和走进厨房的训练，孩子们发现了学习的乐趣，并主动地投身到知识的海洋里去了。

正如有一位教育哲学家所说："厨房是孩子最好的学习场所。"只是有的妈妈没有发现这个秘密罢了。

在玩耍中学习

学习的方法是多种多样的，并不一定非要孩子正襟危坐的读书写字才算是学习，有时候"玩"也是一种学习手段。然而，现实生活中很多妈妈却根本无法理解。在她们看来，孩子"玩"就是不务正业。只有认真地读书写字，才是学之正道。所以，通常在这个时候，妈妈就会端起家长的架子，强迫孩子放弃玩耍，勒令他们"用心"读书。其实她们又哪里知道，孩子的心却早已飞到球场、网吧里去了。

小强被妈妈从操场拉了回来，就闷闷不乐地坐在书桌前。妈妈为他翻开了课本，并特意冲了杯咖啡放在旁边。可谓是为了孩子的学习"俯首甘为孺子牛"。

然而，小强的心却一直滞留在操场，他满脑子里飞舞的都是疾驰的足球。书本上的文字，他是根本看不进去，所以不知不觉中小强竟抱着课本睡着了。

其实这样的故事在每个孩子身上几乎都曾发生过。不可否认，妈妈的出发点是好的，她们总是希望孩子学到更多的知识，将来考个名牌大学，毕业后找一个好工作。可是妈妈们却忽略了一个问题——"玩"也是学习。

舟舟的妈妈对孩子的教育，就是始终贯彻“寓教于乐”。在舟舟才 4 岁的时候，妈妈就会每天带着他散步。不过这种散步并不是单纯意义上的散步，而是边“学习”边散步。

妈妈会在不经意间，摘一朵野花，然后掰开给他看，告诉这是什么、那是什么。有时候路过公园，听到鸟儿的鸣叫声，妈妈就会告诉他，如何通过鸟鸣声分辨鸟儿的种类，以及各种鸟儿的生长习性和特征。就这样，每一次散步舟舟都能学到很多新知识。

舟舟 6 岁的时候，妈妈就经常带他参加音乐会。有一次，他听完意大利歌剧《图兰朵》之后，便兴奋地问：“妈妈，这是什么音乐？他们在唱什么？我怎么完全听不明白？”

妈妈说：“这是著名的意大利歌剧，因为演员是用意大利语演唱的，所以你听不懂。”

舟舟突然说道：“妈妈，我也要学习歌剧，学习意大利语。”

妈妈爽快地答应了孩子的要求。正所谓：“知之者不如好之者，好之者不如乐知者。”舟舟不就是典型的“乐知者”吗？也许看到这里时，有不少妈妈会满怀羡慕地说：“还是人家舟舟喜欢学习，乐于奋进。”其实不然，因为舟舟的“乐”于学习，是在“玩”的强烈刺激下完成的。当舟舟在林间散步，拈花一嗅时；当舟舟徜徉歌剧的魅力，如痴如醉时，请问，你的孩子在做些什么呢？在被“无情”地剥夺了玩耍的权利，在伏案背诵枯燥的单词、演算枯燥的算术题。

所以，妈妈们应该打破传统的鄙陋之见，放开胸怀，放孩子纵情地玩耍吧。周末的时候，带着孩子去博物馆或是科学中心，让他们在参观玩耍的同时，学会思考和学习，那么，孩子们一定会非常开心和快乐，同时细心的妈妈也一定会发现孩子的“收获”。因为在玩耍中，孩子各种潜藏的天才会一一被激发出来。

有一次，儿子独自一人在院子里玩耍。他喜欢玩“开火车”

的游戏，就是把一些木块连成一串，充作车厢，他在前面充当拉着“车厢”的火车头。儿子做这个游戏做得很认真，不光要像火车那样发出“呜呜”和“哐啷哐啷”的声音，还要负责在到站时报站名，招呼想象中的“旅客”上下车。

这天儿子突然想到要增加几节车厢，使这个“火车头”能带领更长的火车，可是带钩子的小方木块都用完了，怎么办呢？儿子想到了刚刚买回来的磁铁，用绳子拴在最后面，刚刚合适。

他拴好一块磁铁，又拿来另一块。可是，好像突然着了魔一般，那块磁铁怎么也不肯乖乖地跟在第一块的后面。他一把它放到后面，就有一股力量将他的手弹开。儿子费了很大的力气，可是那两块磁铁怎么也不肯吸在一起。

儿子呆呆地看着手中的两块磁铁，好一会儿，他忽然大叫起来：“妈妈，妈妈，快来看呀，这两块磁铁里住着两个小精灵！它们不愿意在一起。它们闹别扭了，谁也不理谁。”

妈妈忍住笑说：“傻儿子，这可不是什么精灵，这是磁力的一个重要原理，磁铁分为正极和负极，而且同极相斥，异极相吸。你手上这两块磁铁都是正极，当然会因为相斥而弹开啦。”

“真的吗？”儿子怀疑地说。

“当然是真的。”妈妈肯定地说。然后，妈妈把两块磁极相异的磁铁放在一起，果然牢牢地黏住了。

儿子觉得有趣极了，于是接着问道：“正极和负极是什么东西？磁铁为什么要分成正极和负极？为什么正极和负极就要吸在一起呢？”

妈妈趁机教了他很多物理学的知识，因为这些知识都是与玩耍紧密结合的，所以儿子学习起来得心应手。

从此后，妈妈就经常和儿子一起“玩”。有一次，妈妈给儿子带回了几块眼镜片，有近视镜片，也有老花镜片，儿子对新奇的事物很感兴趣，他把镜片架在自己的眼睛上玩，没过一会儿就大叫头晕，于是，只好把镜片举到离眼睛较远的地方才能看清楚镜片后的东西。妈妈任由他玩耍，也不去管他。当儿子一只手拿着近视镜片，一只手拿着老花镜片，一前一后地向远处看时，突然他大声地喊叫了起来："快来看呀！妈妈，我看到远处那座万佛塔的塔尖了。"

就这样，儿子在玩耍中又无意地发现了光学知识。然而，这些知识却是出现在中学生的物理课本中的。由此可见，知识流淌在生活的每一处空间和每一秒钟，即便在"玩耍"中，也少不了它们的身影。

让妈妈陪同孩子一起玩耍，并不是让妈妈充当"监工"，而是让妈妈真正走进孩子的世界，用孩子的思维去审视眼前的世界，并从中发现机会，积极引导孩子爱上学习、崇尚知识。不过妈妈在和孩子一起玩耍时，需要注意以下几个方面：

1.率性而为，不要苛求

孩子是制造脏乱的天生圣手，只是妈妈常常不会允许孩子这么干。一般孩子都会在妈妈的期望范围内快乐地生活。尽管有时妈妈对孩子的宠物蜥蜴、海星或蛇等感到畏惧，但孩子往往就在这类独特的环境中开启了通向美术、音乐或数学的智慧之门。

2.用孩子的眼睛看世界

妈妈在和孩子一起玩耍时，请丢掉成年人的思想，用孩子的眸光来打量这个全新的世界。由此你将会看到不一样的色彩和形状。

3.询问、思考、想象和表达

在这里可以有机会以一种全新的方式去尝试那些原以为不可能的事情，并且能以多种途径如舞蹈、唱歌、绘画等进行。你越会玩儿，你和你的孩子将获益越多。

总之，玩是孩子的天性，也是孩子的学习手段。只要妈妈能善加引导，就一定可以让自己的孩子越来越爱学习，越来越聪明。

小海的妈妈是一位地理老师，她为了增强孩子辨认地图的能力，就经常带着年仅5岁的小海到周围村庄去“游玩”，等到小海基本了解了邻村的情况之后，就带着他拿着纸和笔爬到自己村里的一个高塔上，放眼四方，问他周围的地名，不知道的地方就向他说明。并让小海画出周围的简略图，然后两个人再去“游玩”。在简略图上添上道路、森林和河流等。这样邻村的地图就画出来了。妈妈就是使用这种方式让小海不仅看懂了难以理解的地图，还培养了孩子对地理学科的热爱。

此后，妈妈又运用了同样的手段，让孩子在“玩”的过程中，渐渐爱上了学习。然而，这一切都犹如“随风潜入夜”的一场春雨，在不知不觉中，已是滋润到了根底。

兴趣是最好的老师

著名女教育家蒙特梭利说：“兴趣是孩子最好的老师。”然而遗憾的是，很多妈妈对孩子进行教育过程中，往往忽视发现和培养孩子的兴趣，所以学习在孩子的眼中就变成了沉重的包袱或者一项艰巨的任务。因为缺乏兴趣的缘故，孩子体会不到学习的快乐，从而导致了消极学习的严重后果。

妈妈为了提高孩子的英语水平，就强迫他们每天背诵大量的英语单词。结果适得其反，这26个英文字母的不同排序，错综复杂地交织在一起，犹如一张解不开的大网，紧紧地把他们困住了。就这样，他们对英语的学习兴趣渐渐地被磨灭了。最后无论妈妈怎么教导，他们都不会爱上英语课了。而美哲的妈妈却是这样做的：

妈妈首先买来10厘米见方的英语印刷体字母和阿拉伯数字各十套。然后把这些字母贴在10厘米见方的小板上，以做游戏的方式教孩子认识英语单词。然后，绘声绘色地给女儿讲述每个单词背后的故事。就这样，女儿喜欢上了英语。不久之后，女儿就能轻松地阅读简单的英文原著作品了。

由此可见，没有兴趣的学习是痛苦的，也是毫无成效的。正如一位日本作家所说："如果孩子的兴趣和热情得以顺利发展，就会成为天才。"所以妈妈要充分激发和培养孩子的学习兴趣，只有这样，孩子才会自愿地爱上学习。那么妈妈应该如何培养孩子的兴趣呢？

1.创造条件，刺激兴趣

孩子的兴趣往往是在广泛的探索活动中产生和发展的。妈妈要多带孩子进行户外活动，如带孩子外出爬山、参观；带孩子欣赏各种各样的表演和比赛；鼓励孩子参加各种有益的社会活动和集体活动，让孩子广泛接触社会，全面了解生活，为孩子接触各种事物提供机会，以此培养孩子广泛的兴趣与爱好。

2.提供空间，发展兴趣

妈妈在生活中要留心观察，注意发现孩子已有的兴趣，并采取有效措施去积极扩大和发展孩子的兴趣。妈妈可以引导孩子进行观察学习；提问题让孩子思考；给孩子提供有关的知识信息；耐心地回答孩子的提问等。例如，父母发现孩子对日、月、星、辰等天文星象产生兴趣时，就可以给孩子讲有关的神话传说。用通俗易懂的语言告诉孩子这些现象形成的原因，并用生动形象的比喻来帮助孩子理解。让孩子闻所未闻、见所未见，激发兴趣，并在此基础上引导孩子去注意其他自然现象，教他新的自然科学知识，使其兴趣扩展到整个自然科学领域。

3.培养孩子兴趣多样化

孩子的兴趣是广泛的，然而在众多的兴趣中，最重要的是如何培养孩子的读书兴趣和崇尚科学的兴趣。对此，妈妈应该注意以下几点。

（1）创造一个适合读书的优良环境

要想让孩子爱上读书，妈妈首先要以身作则。在生活闲暇的时候，自己要多读书。只有这样，才能让孩子从小受到熏陶，在一个“诗书传家宝”的优良环境下，潜移默化地爱上读书。

（2）为孩子提供丰富多彩的阅读内容

有时候，孩子就像一个贪得无厌的家伙，他们会好奇地涉猎不同学科的知识，所以妈妈要给孩子提供内容丰富多彩的书籍。例如童话故事书、手工书、儿童诗词书、脑筋急转弯书等。

（3）培养孩子的科学兴趣

科学技术是第一生产力。掌握科技，就把握了未来，所以妈妈要注意从小培养孩子对科学的兴趣。孩子对周围的世界充满了好奇心。任何一件事物，都能激发他的想象。孩子会经常天真地问道：“小蝌蚪有妈妈和爸爸吗？”“月亮的家在哪里呢？”“为什么花儿秋天要凋谢呢？”等等。这些都说明孩子对这些事物产生了兴趣，妈妈如果认真给予回答，孩子的兴趣就能得到保护。遇到这样的情况，妈妈应及时耐心地解答孩子的提问，并提出适当的问题启发孩子思考，慢慢地诱导孩子对科学产生兴趣。

（4）从生活中发现科学的神秘

为培养孩子对科学的兴趣，妈妈可为孩子准备一些玩具材料，如木块、条形磁铁、小瓶、小石头、各种纸等，让孩子经常摆弄，逐渐认识它们。妈妈还可以同孩子一起做些小实验，诱导孩子对科学的兴趣。例如带孩子去照一照哈哈镜，让孩子感受光学的神秘。冬天来临了，让孩子去触摸水缸的“眼泪”等。

（5）积极开发培养孩子的特殊兴趣

有的孩子可能不善于数学计算，但是跑步很快；有的孩子不善于作文，但是唱歌很棒；有的孩子不善言谈，但是下棋很高超，所以这就需要妈妈及时地发现孩子这些特殊的兴趣和爱好，并加以爱护和培养，使之不断发展成熟。

（6）对孩子多说鼓励的话

孩子在读书和学习的过程中，往往会碰到很多不认识的字、不明白的内容而拿着书向妈妈请教。妈妈要耐心解答孩子的提问，对孩子不懂就问的行为加以表扬，切不可用不耐烦的态度去应付孩子或是拒绝孩子的要求，以防打消孩子的学习积极性。

总之，积极发现和培养孩子的兴趣，是刺激孩子爱上学习的根本所在。妈妈的首要工作任务就是让孩子与兴趣手拉手，做一对亲密好朋友。

兴趣决定成败

兴趣是决定一个人成败的关键。对于孩子而言，兴趣就意味着动力，而这种动力正是促使孩子好好学习，天天向上的力量源泉。在上一章节，我们讲述了如何培养孩子学习兴趣的方法，现在，我们将重点讲述妈妈如何正确引导孩子的兴趣。

孩子是善变的。我们经常听到妈妈说："我的孩子对什么事情都是三天的热情。"其实，并不是孩子的热情在减退，而是孩子的兴趣发生了改变。所以，正确引导孩子的兴趣也是妈妈义不容辞的责任之一。

孩子一般都爱听故事，不管是妈妈、老师或同学讲故事，还是电视、电脑播放故事，孩子一般都会很专心地听，如果是他们自己在读一本书，哪怕他们连字都不认识，但是他们会很用心地去看，仿佛是在打量这一位陌生的好朋友，眼睛里燃烧着渴望，这时，妈妈可以指着给孩子一个字一个字地读。当孩子学会拼音，认识一部分字的时候，妈妈可以根据故事提出一个问题，孩子就会津津有味地边拼音边朗读故事，通过自己的努力来获取答案。不管是流利还是结巴地读下来，妈妈都要给孩子肯定和赞赏，孩子也会很有自豪感。如果告诉孩子第二遍一定会比第一遍更棒，孩子得到奖励和肯定后会高高兴兴地继续读下去，慢慢对书本就产生了兴趣。

随着年龄的增长，可以启发孩子把看到、听到的讲出来、画出来。妈妈可以利用故事内容和孩子对话、提问和做游戏，孩子在一个宽松愉快的学习环境中，不时地受到启发，一定会逐步养成主动学习、主动探索知识的兴趣和习惯。

安徒生之所以成为世界著名童话作家，与母亲对他的兴趣的引导是分不开的。他出生在一个城市的贫民家庭，生活穷困潦倒。父母没上过学，所以妈妈坚定地认为，他们的贫穷是缺少知识造成的，要想改变命运就必须学习知识。然而，家庭的贫困使他们根本不可能把孩子送进学校接受教育，所以，母亲就利用兴趣的优势诱导孩子学习，希望孩子能在兴趣中增长知识。

妈妈常常利用休息时间领着儿子沿着羊肠小道攀上高处，给他讲欧登王城堡的故事，讲她小时候经历的遭遇，讲穷人的故事，让他对各种事物都有浓厚的兴趣。

有一次，安徒生过生日的时候，妈妈想送他一件礼物。但是，思来想去却不知道送什么东西好。就在此时，妈妈突然发现柜子旁边有几块剩下的碎布。于是灵光乍现，妈妈就用这些碎布缝制了几个可爱的布娃娃，而且还给娃娃做了几件漂亮的花衣服。

安徒生接过妈妈的生日礼物，十分高兴。妈妈建议说：“我们用这些娃娃表演一个节目吧。”接着，妈妈又把床单揭了下来，当做舞台的幕布，一切准备就绪后。妈妈兴奋地对他说：“咱们现在有演员、有舞台、有幕布，可以演戏喽！”

妈妈从书架上拿出一本名为《荷尔堡》的戏剧故事书，和儿子准备演戏，几乎没有下什么工夫，安徒生就把戏中的对白背得滚瓜烂熟。他们演得很投入，惹得街坊邻居都笑着说他们母子俩是一对“活宝”。从那以后，安徒生就迷上了演戏。为了演好戏，他坚持多看书、记对白，无形中培养了安徒生的读书兴趣，锻炼了他的记忆能力，为他以后成为一代童话大师奠定了坚实的基础。

由此可见，兴趣不仅需要培养，更需要引导。正像安徒生的故事一样，倘若没有妈妈的积极引导，想必安徒生是不会走上童话故事创作的道路上来的。试想，为什么别的孩子没有成为童话大师，放眼四海之内，唯安徒生一人而已。其中的缘由，是不言而喻的。

妈妈要发展孩子多方面的兴趣，在日常生活中，妈妈的言行举止和各种生活习惯，将直接影响孩子兴趣的培养。一位妈妈经常给他 6 岁的儿子读《西游记》。读到红孩儿手持火焰枪，用鼻喷火时。儿子羡慕地说：“妈妈，红孩儿一定是个独生子吧。你看他山洞里有那么妖怪，可是，他连个亲弟弟都没有，那该多寂寞啊！我去给他当弟弟吧，还有，我也要有跟他一样的本领。”

妈妈顺势说：“那可不行，红孩儿是个坏小孩，他放火烧孙悟空，还要吃唐僧肉呢？你要是当了他弟弟，会被他带坏的。”

儿子天真地望着妈妈说：“那我做个好红孩儿，也不行吗？”

妈妈教育他说：“好孩子，你可以当他的弟弟，但是，决不能像他那样，恃强凌弱，到处伤害别人。你要学会关心同学、孝敬师长、乐于助人。同时还要像红孩儿一样有本领，知道了吗？”

儿子点了点头，又充满疑惑地问：“可是，妈妈我该怎么做，才能有本领呢？”

妈妈回答说：“比如把作文写好，把钢琴弹得棒棒的，每次考试都能得第一。这样你就有本领，才能给他当弟弟呀。”

听了妈妈的话之后，这个红孩儿的“小弟弟”开始主动去关心别人、帮助别人，并且学什么都特别卖劲，弹起钢琴再也不像以前要妈妈催促了，写起作文就更有兴趣，常常拿着得“优”的作文给妈妈有声有色地读，读完总要问一问：“我的红孩儿哥哥肯定也喜欢吧？”

妈妈很高兴地回答说：“喜欢，肯定喜欢。”

其实，兴趣的引导就是这么简单。只要抓住孩子的心理需求，巧妙地进行教育诱导，激发孩子学习、做事的兴趣。那么孩子就一定会“乐此不疲”，而妈妈们就可以高枕无忧地说：“高兴，肯定高兴了。”

当然在引导孩子兴趣的同时，尽量不要经常给孩子布置一些强制性的作业任务，这样孩子会感到有压力。有位妈妈给5岁的女儿买了一台插入拼音、词语卡片就能跟着读和录音的学习机。刚开始几天，每天让她跟着学习机朗读，女儿也挺感兴趣，但过了没几天之后，女儿一看这台学习机，就动也不想动它了。再过几天，女儿干脆把它藏了起来。

由此可见，当兴趣变成压力和负担时，孩子的兴趣也就会随之消失了，所以妈妈对孩子的这种强制的作业任务，要尽可能的少，以免因此扼杀了孩子的积极兴趣。

好奇害死的不是猫

中国有句俗话“好奇害死猫。”人们通常用这句话打击或遏制一个人的好奇心。其实，对好奇心不仅不能打击和遏制，反而应该积极鼓励，尤其是对待孩子。因为孩子正是通过好奇的童心，释放心中的世界，用以探索和学习的。作为妈妈应该悉心呵护孩子的好奇心，当孩子带着问题向妈妈请教时，妈妈不应该简单地将答案告诉孩子，而是循循善诱，开启孩子的梦幻般思考，这样得出的答案将更加完美。

上幼儿园的妞妞一次画画儿时问妈妈：“黄色和蓝色混合后会是什么颜色呢？”妈妈正准备说绿色，想了想却对女儿说：“你试一下，看看会变成什么颜色呢？”结果女儿很快就知道了答案，这样的效果比直接告诉她答案更深刻，也让孩子更加热爱学习了。

好奇从某种意义上说，就是孩子的专利。因为对妈妈来说，一只普通的玻璃杯，可能并没有什么神奇之处。但是在孩子的眼睛里，却可能是一个充满魔力，蕴藏无限力量的神奇宝贝。他们会放在手里不停地把玩，犹如一件稀世珍宝。不仅如此，甚至每一片草叶和每一粒石头，对孩子来说，都是一个色彩斑斓的美妙世界，都会引发他们无穷的好奇心和探索欲。

一般说来，现实生活中的一切事物对孩子来说都是新鲜的、令他激动的东西。他们会在外界物体的刺激下，好奇心不断地膨胀。

儿子三岁的时候，妈妈给他买了一只玩具青蛙。上紧发条之后，青蛙就会发出“呱呱”的叫声，并一跳一跳地向前蹦。儿子突然想到，青蛙是可以在水里生活的。于是就把玩具青蛙抓住放进了水盆里。但是当儿子再把青蛙拿出来的时候，青蛙就动弹不得了。于是，他就模仿医生的样子，找来工具给青蛙“开膛破肚”。

妈妈问道：“你在干什么？”

“青蛙生病了，我在给它治病。”

妈妈走上前发现，玩具青蛙被水浸湿，不能动了。就跟他说：“这个是机械青蛙，不能在水里生活的。”

儿子问：“机械青蛙，为什么不能生活在水里呢？”

于是，妈妈就告诉了很多关于机械的常识，虽然儿子听得不是很明白，但是，他会专心致志地听。由此可见，好奇心可以增强学习的欲望，促使孩子喜欢上学习。

有一次，妈妈带着3岁的女儿去酒店吃饭。酒店地上铺的是一种印花瓷质砖。女儿指着一块地砖问：“妈妈，这是什么？”妈妈耐心地解释说：“这是一块地砖，它用来铺在地上，又好看又容易搞卫生。”女儿似懂非懂地点点头，又指着一块地砖问：“这是什么？”妈妈依旧耐心地说：“这也是一块地砖。”可是女儿并不罢休，兴味盎然地指着一块又一块的地砖不停地问，“这是什么？这是什么？这是什么？……”直到把所有的地砖指了一个遍，她才心满意足地说：“我知道了，这些都是地砖，都是用来铺在地上的。”

此时，妈妈才惊异地发现，女儿并不是在简单地重复同一个问题，而是在不断的重复提问中，验证着答案的精确性。女儿的行为在妈妈的眼中，也许永远都是那么幼稚可笑。但是，正是由于这些幼稚可笑的问题，却刺激了孩子对知识的渴望。

伟大的哲学家说：“世界上没有两片完全一样的树叶。”那么孩子简单而重复的提问，不就说明了他们已经发现了地砖之间存在的差异吗？

我们不敢肯定，现实生活中，所有的妈妈都像故事中的妈妈一样有耐心。也许当孩子问到第二块、第三块地砖时。有的妈妈就已经不耐烦了，大喊："去——一边玩去。"殊不知，这无意间的一句话，竟扼杀了孩子的求知欲。

所以，当孩子在用他们自己的方式表达对知识的渴望、对学习的冲动时，妈妈应该积极鼓励、努力引导。

有的妈妈说，家里多了一个孩子比多了十口人还要乱。的确是这样，因为孩子绝不是个让人省心的家伙。他们经常会把一卷卫生纸，或是一本书撕得粉碎扔在地板上。或者用粉笔在地面上、墙壁上乱写乱画。他们的行为曾让很多妈妈视为调皮捣蛋的"恶作剧"，其实不然，他们是在好奇心的驱使之下，强烈地希望用自己的双手来触摸这个世界，了解这个世界。

此时，妈妈应该多给孩子准备一些没用的纸张，或者带着孩子走进大自然，让他们尽情地撕东西，尽情地在地面上乱涂乱画。

日本著名儿童教育家曾说："鼓励孩子的'创造性'活动，释放孩子的好奇心，不仅有利于孩子智力发育，还能开启孩子探知领域的大门。"由此可见，好奇绝不是害死猫的罪魁祸首，而是培养孩子探索知识的功臣。

一根神奇的"绳索"

中国古代兵法云："气可鼓而不可泄"，这里所说的"气"，其实就是"欲"。在战争中表现为攻无不克、战无不胜的信念，而用在母亲教育孩子过程中，就是"求知欲"。

相信很多妈妈都有这样的体会，当你把一面小鼓放在孩子面前，轻轻敲响的时候。他们会努力挣扎着，脱开妈妈的怀抱，希望把鼓槌紧紧地握在自己的手中，并且还会模仿着向鼓面敲去。如果此时妈妈再想夺过孩子手中的鼓槌，那么他们绝不会答应的。当孩子长到3岁左右的时候，他们就希望自己动手去尝试所有的事情，所以才会出现妈妈端着碗四处追赶着孩子喂饭的情景。

前不久，电视上播放一则广告：一对父母在清扫房间，孩子就拉着拖把前来“帮忙”。虽然，在孩子的帮助下，越帮越忙。但是孩子脸上却始终绽放着幸福快乐的光彩。

从以上的故事中我们可以发现，孩子的每一个举动，其实都透露着强烈的求知欲望。虽然有时候只表现为用小手紧握着鼓槌，或者自己用汤匙吃饭等等。这些看似简单的动作，却传达了他们要探索未知的愿望。

然而很多妈妈却读不懂孩子的心思，结果在妈妈的一味“强权”之下，造成了“两败俱伤”的悲惨结局。

圆圆是个闲不住的孩子，不管妈妈做什么，总是少不了她“勤劳”的身影。有一天，妈妈把一堆脏衣服泡在洗衣盆中，圆圆就趁妈妈不注意的时候，偷偷地溜上前去。学着妈妈以前的样子，有模有样地洗起衣服来了。结果溅起的肥皂泡泡淹没了她的手臂，濡湿了她的衣裳，但是圆圆却兴奋极了。请问，遇到这种情况，妈妈应该怎么做呢？

一般情况下，妈妈一定会大声高喊着：“放下，快放下。你把衣服弄湿了，看妈妈不揍你！”然后把孩子拉到一边去。那么为什么妈妈不能友好地称赞孩子一下呢？为什么不能蹲下身来和孩子一起洗衣服，玩肥皂泡呢？为什么妈妈不能趁机教会孩子洗衣服的要领呢？为什么妈妈要残忍地扼杀孩子的求知欲呢？

俄国著名教育家乌申斯基曾说：扼杀孩子的求知欲，就是封闭了孩子探求真理的道路。所以将来的某一天，当妈妈斥责孩子不用功读书和学习时，就该好好地检讨自己，是否扼杀过孩子的求知欲。

科学研究表明：丰富多彩的环境是激发求知欲的必要条件，而单调、枯燥的环境则会抑制和扼杀孩子的求知欲，所以创造适宜环境（包括自然环境、问题情境、情绪气氛）对培养孩子的求知欲极为重要。

此外，妈妈在培养孩子求知欲时，还需要注意以下几点：

1.良好环境，非常“刺激”

给孩子提供一个良好而舒适的环境，是培养求知欲的基础。当世界上五彩斑斓的事物具体地展现在孩子面前时，要让他们与之亲密接触。这样有利于孩子探索他们生活中的奥秘。对于幼儿，可以让他们看色彩鲜艳的东西，或者玩能灵活转动、能发声的玩具。例如电动小汽车、玩具娃娃、风铃以及乐器等，让他们从小就认识世界，丰富他们的眼界。对于稍大一些的孩子，可以让他们玩魔方、骑脚踏车、荡秋千以及看各种连环画。在节假日还可以带他们去看电影、听音乐会，参观博物馆等，从而增长其见识、增强其求知欲。

在家里，妈妈要给孩子提供一个充满奥秘和丰富知识的环境。让孩子在充满民主、平等的氛围里，感受优越物质所带来的强烈冲击力，从而刺激孩子的求知欲。当然在家庭环境里，妈妈要首先做出表率作用。

2.有效沟通，搭建“互利”桥梁

在和孩子沟通的过程中，妈妈可以发现孩子想要做什么，怎么做以及为什么这么做等重要信息，并由此为孩子提供有力的支持。这样做不仅满足了孩子求知的欲望，同时也有助于建立和谐、融洽的母子关系。可谓是有百利而无一害，妈妈又何乐而不为呢？

3.积极热情,鼓励奋进

孩子发现一种新的现象或提出一个问题时,妈妈不能漠不关心,应该表现出极大的热情,并让孩子感受到妈妈也和他一样兴奋和高兴。这样孩子会感到自豪,更积极地探索周围的世界。

4.扩大视野,增长见闻

开阔孩子的视野,有计划、有目的地引导孩子多走走,多看看,多感受变幻莫测的自然风光、五光十色的艺术品、扑朔迷离的社会生活。这样不但可以满足孩子的好奇心,而且可以激发孩子的求知欲。

5.有问必答,恰当表扬

孩子有着强烈的求知欲望,他们会经常缠着妈妈,问一些被家长看来根本不值一提的问题,例如"太阳为什么会发光"、"鸟儿为什么要睡在树枝上"等,而且他们喜欢刨根问底。有的妈妈却往往以"以后长大了,你就会明白了。"这样的回答敷衍、塞责孩子的问题。其实这样做就恰恰扼制了孩子的求知欲。妈妈对孩子提出的这些问题一定要正确对待,有问必答,切不可等闲视之。

此外,每当孩子提出一个问题时,无论对错,妈妈都应该表示赞赏,孩子从中得到了满足,以后他们还会提出更多的问题。如果妈妈表示不耐烦,就会扼杀孩子求知的欲望。

6.听故事,玩游戏

妈妈经常给孩子读故事,不但能丰富孩子的知识,扩展孩子的视野,使他们从中懂得人生的哲理和人生价值,而且还能起到增强注意力、丰富想象力,从而激发求知欲望的作用。妈妈还可以将图书的内容编成故事讲给孩子听,然后告诉他:"等你以后上学认字了,就可以自己编故事了。"借此激发孩子学习的欲望。

此外,妈妈可以和孩子一起做游戏,让孩子在游戏中扮演自己喜欢的角色。根据科学研究,孩子在游戏中会发现新的知识,从而进一步激发他的求知欲。

7.妈妈是教练,不是球员

妈妈要经常注意孩子提出的不寻常的问题和有价值的想法,抓住时机进行启发诱导,从而在日常生活中既教育了孩子又培养了他的求知欲。

一个孩子玩滚铁环的游戏, 突然发现:“直着滚比绕着弯滚早到终点”,然后问妈妈说:“这是为什么?”这时,妈妈应拿着尺子和孩子一起量直线的长度,再量曲线的长度,使孩子明白:两点之间,直线距离最短!

有的孩子会立刻悟道:“我到学校应该走那条直道, 而不应该绕弯走附近那条道,因为那条不是直线,自然要绕远了。”妈妈应及时表扬、鼓励孩子的积极思维。在孩子想知道又不十分明确,想说又说不清楚时,要及时、耐心、热情地启发孩子,回答孩子的疑问,这样不但满足、强化和鼓励了孩子的求知欲,也使他们在自己的活动中学习了知识,增长了才干。

总之,妈妈应该像球场的教练一样,可以指导着他们如何赢得比赛,却不能代替他们赢得比赛。

8.创造机会,发展自我

孩子模仿能力强、生性好动,妈妈可以让他们充分利用身边的工具,充分运用各种感官,自己观察,自己动手操作,让孩子体验到一种自我成就感和乐趣。这样有利于激发他们强烈的求知欲,从而逐渐培养起学习兴趣。

求知欲就像一根被施了魔法的绳索,于冥冥之中,牵引着孩子迈向知识的殿堂。在求知欲的指引下,读书和学习不再是那么枯燥和乏味,取而代之的是如饮甘泉之水,畅快而惬意。然而,孩子们能否具有一根这样的“绳索”,还要看妈妈的努力哦!

书读多时品自高

古今中外很多成功的名人，虽然他们的成功之路各不相同，但是他们却都有着一个共同的特点——爱好读书。

唐宋八大家之一的文章领袖欧阳修，就是爱好读书的典范。他在很小的时候，妈妈就教育他读书的重要，并且每天教他读书认字，从而培养了欧阳修喜读书、爱学习的好习惯。

世界首富比尔·盖茨更是博学多才、嗜书如命。然而，他爱好读书的习惯也是受到了妈妈的影响和教育。

比尔·盖茨的母亲是西雅图历史和发展博物馆的讲解员，她博览群书、学识丰厚。在儿子只有三、四岁的时候，她就开始培养孩子读书的习惯。到比尔·盖茨长到 7 岁的时候，就能阅读《世界图书百科全书》了，而且经常一读就是几个小时。

母亲藏书极为丰富，内容涉及历史、法律、电子、商贸等。比尔·盖茨每天泡在书堆中，与书为伍。可以说，读书开启了他通向理智世界的大门，为日后他那种以观念制胜的事业打下了扎实的基础。直到成功之后，读书仍是他最大的爱好之一。

实际生活中，很多孩子不是那么喜欢读书，这让妈妈为此大伤脑筋。那么妈妈应该如何引导孩子爱上读书呢？

1.妈妈要让孩子知道，书是像蜂蜜一样甘甜的

根据联合国教科文组织调查表明：在人均拥有图书馆和出版社及每年人均读书的比例上，以色列超过世界上任何一个国家，为世界之最。

以色列全国的公共图书馆和大学图书馆 1000 多所，平均每

4500人就有一所图书馆。在450万人口的以色列，办有借书证的就有100万。14岁以上的以色列人平均每月读一本书。由此可见,读书在以色列已经深入人心了。那么,他们是如何养成爱读书的习惯呢？原来在每一个以色列人家里,当小孩稍懂事时,妈妈就会翻开圣经,点一滴蜂蜜在上面,然后叫小孩去吻圣经上的蜂蜜。妈妈就是通过这个仪式,来告诉孩子书是“甜”的,书将引导着人们走上甜蜜幸福的生活。所以爱读书也就成了以色列人的传统。

2.妈妈要让孩子知道,书是无所不知的

梓新的家住在城市郊区,每到盛夏时节,便可以听到阵阵的蛙鸣。有一天傍晚,梓新正和妈妈坐在院子里的芦苇席上玩拍巴掌的游戏。忽然从远处传来了几声青蛙的叫声。

“妈妈,是谁在叫？”梓新好奇地问。

妈妈随口答道:“傻孩子,这是青蛙的叫声啊。”

可是梓新却表现出一脸无辜的样子，问道:“妈妈，青蛙长什么样子啊？”

这时,妈妈才突然明白过来,原来儿子根本就没见过真正的青蛙。于是她心生一计,决定借用这次绝佳的机会,引导一下儿子读书的兴趣。

妈妈兴奋地说:“我们家有一本介绍青蛙的书，让我们拿出来看看吧。”

“哇！青蛙好难看啊。”儿子回答。

“它为什么会看起来这么难看呢？”

“它的眼睛鼓鼓的,皮肤绿绿的,肚子是白色的,四条腿也很难看。”孩子说出了自己的感受。

“你知道青蛙的皮肤为什么是绿色的吗？”妈妈故意提出了一个问题,让孩子先思考。

“嗯……我不知道。”

“青蛙一般生活在哪里呢？”

“生活在水田里面。”

“水田里的庄稼一般是什么颜色呢？”

“绿色。”

“刚才我们说，青蛙的皮肤也是绿色，你想想当青蛙在水田里时，我们容易看见吗？”

“不容易。”

“那么当青蛙的敌人要捉青蛙时，青蛙的皮肤如果是黄色的……”

“那敌人就会很容易发现青蛙。哦，我知道了，青蛙的皮肤可以保护自己，让敌人找不到自己。”孩子终于明白了。

“哇！你真聪明！”妈妈称赞他道。

“那它的肚子为什么是白色的呢？”儿子再次问道。

“让我们看看书上怎么说的。”妈妈一边翻书，一边回答。

“你看，这儿写着呢，青蛙的腹部是白色，可以防止来自水下的攻击。”

“水下的攻击？”儿子一下子就不明白了。

“想想看，青蛙在水里时，肚子如果是绿色的，会发生什么事情呢？”妈妈反问道。

“我知道了，青蛙下面的敌人就是白色的，所以发现不了青蛙，哇!青蛙长得真聪明。”儿子满心欢喜地说。

“你再看看这幅图，看青蛙是如何捕食的。”

“它的舌头伸得那么长，而且还是倒着的。”孩子惊讶地说道。

“对，这样青蛙就容易捕捉到食物了，如果它的舌头与人一样，它还能这样做吗？”

“不能。”

“让我们看看书上还讲了些什么。”

“原来青蛙眼睛虽然大，却看不见静止的东西。”孩子兴趣十足地念道。“可是，为什么它的眼睛是鼓鼓的，那么大呢？”儿子又陷入了沉思之中。

也许像上面这样的故事，在现实生活中早已屡见不鲜。可是，扪心自问有哪个妈妈可以做到像故事中的妈妈那样，循循善诱呢？故事中看似平淡无奇的对话，其实却隐藏着生物学，常识学以及如何发现问题、如何解决问题等重要的科学知识。梓新从一开始的“一窍不通”，到最后的“无所不知”。可以说，帮助他完成这个质的飞跃，最关键的就是妈妈的正确引导，以及来自书本的无穷智慧和力量。通过这件事情，起码可以让孩子对书有一个全新的认识和了解，并由此激发孩子对知识的热爱，对书本的热爱。

3.妈妈要让孩子知道，书原来还可以这么读

詹妮弗在她女儿艾比刚出生不久，就开始给她念书。起初，这个小宝贝总是喜欢玩弄书皮、揉搓书页。可詹妮弗一点也不在乎，她甚至让艾比抱着书睡觉。

艾比长到1岁的时候，开始着迷于图书了。每次女儿读书的时候，妈妈总是习惯于把女儿搂在怀里，或者抱在腿上。

教育学家说，像詹妮弗这样教育孩子读书，不仅可以提高孩子读书的热情，还能让孩子在读书中感受到妈妈的温暖，并由此刺激孩子的思考和学习能力。

俄国著名作家高尔基说：“书籍是人类进步的阶梯。”所以，要想让孩子在未来的人生道路上“更上一层楼”。那么从现在开始，妈妈就着手培养孩子读书的爱好吧！让天下所有的妈妈和孩子同握一本书，同念一篇文章。让妈妈用那双温暖的手掌，为孩子插上阅读的翅膀，在书的天空任意翱翔。

给孩子最好的书籍

当今图书市场鱼龙混杂、良莠不齐。妈妈在教育孩子读书时,一定要选择最好的书籍。那么,究竟什么样的书籍才是最好的呢?

教育专家认为与孩子年龄、兴趣及能力相适应的图书,就是最好的图书。孩子们只有读这样的书才能受益终身。

一般情况下,0~3 岁的孩子,从读书中获得的不仅是知识,更重要的是对读书的兴趣。所以,妈妈在挑选图书时,要选择美观、印装精良的图书,画面要大、色彩要艳丽、形象要生动逼真、活泼可爱,而且装帧结实牢固。这样无论是形式还是色彩,都足以给孩子造成强烈的吸引力。

3~6 岁的孩子,喜欢配有彩色图画的小故事、科幻故事、儿歌以及有关动物或日常生活方面的童话。那些短小、生动、易背诵的诗句对他们来说特别有用,而且非常有趣,同时,还能培养他们对读书的热爱。

6~9 岁的儿童对于书籍开始有自己的兴趣和偏好,尽量让他们自己去选择。当然,需要在妈妈的指点帮助之下。

丽丽很小的时候,有一天她突然对妈妈说:"我就喜欢摩西。"

"哦,真的吗?告诉我谁是摩西?"妈妈问道。丽丽不知道如何回答。因为摩西是《圣经》中的一个人物,丽丽只是在别人谈话中,偶然记住了这个名字而已。不过,妈妈从女儿的对话中,听出了她对摩西的崇拜,于是,妈妈就买了一本关于摩西的书送给女儿。丽丽看完之后，从此就真的喜欢上了摩西。

由此可见，只有孩子感兴趣的书，才是真正意义上的好书，才是孩子真正爱读的书。所以，这个时候的妈妈，就应该顺着孩子的喜好，正确引导孩子去挑选他们认为值得一读的书。

墨含很喜欢有关恐龙方面的书籍，于是，妈妈就带他去图书市场。当他们来到古脊椎动物图书货架前，妈妈说："墨含，今天该你自己挑几本书了，不过挑完之后，让我先看看，咱们一起决定买不买。"

很快墨含就挑了 4 本书，"妈妈我想买这几本，您看合适吗？"

"墨含，你看这本书里面的字体太小了，对你的眼睛不好，里面的插图也比较粗糙。"墨含又看了看，点了点头。"你再看这本书，与刚才那本比较一下，是不是更好呢？而且，这本书的书角是圆的，你就不会因为不小心蹭到书角发生小事故了。"

墨含的妈妈又拿起第三本书，这一次，她让墨含仔细考虑一下决定买还是不买这本书。"妈妈，这本书上的画很漂亮，书角也是圆的，字也挺大的，我想可以买。"墨含的妈妈先点了点头，"你说的几个理由都正确，但你看看这第二本书和第三本书不仅外观相似，里面的内容也差不多，因此你只要买一本就够了，你觉得该挑哪一本书呢？"

墨含有点为难了，他反复比较了很长时间，终于做出了决定："妈妈，就买这本书吧!"

"为什么呢？"

"这两本书差不多，但第二本书比第三本书贵将近 15 元钱。"墨含的妈妈满意地笑了，"对了，当书质量差不多时，就该看它们的价钱。你再看看第四本书。"

墨含很快决定不买了。妈妈笑吟吟地看着他，问道："为什么？"

“里面差不多全是字，买回去后，我可能就不看了。”

“对，这是给大人写的书，自己买书时要想好，一本书究竟能给自己带来什么。”

于是，妈妈决定再亲自给墨含挑些书。“墨含，看看这本书！”妈妈略带惊喜地对墨含说。

“哇！真漂亮！”墨含很是惊叹。原来书里面有一幅恐龙刚出蛋壳的化石，真想不到这么小的东西，以后竟然能长成威风八面的大恐龙。

“这里所有有关恐龙的书中，只有这本书有这幅插图，这里面注明了，出版商为买这幅图花的钱与书中其他插图总和几乎一样！”妈妈按捺住激动的心情讲述着。

“不过，这本书的价格太贵了，65元钱。”墨含迟疑地说。

妈妈沉吟片刻说道：“我们还是买吧，尽管它比同类书贵很多，但如果我们能从中得到快乐，这些钱就不算什么了。”

从这个故事中我们可以发现，购买图书的过程也是一个学习的过程。墨含的妈妈不仅鼓励儿子买到了感兴趣的书籍，同时还教会了孩子购书的方法以及购书的真谛所在，可谓是“两全其美”之举。

现实生活中，经常看到这样的情况。孩子需要买书时，妈妈就会从口袋里掏出钱交给他们。至于书该如何买、怎么买、买的有没有价值等等，这些问题似乎根本没有纳入到妈妈考虑的范畴。然而，当孩子把买回来的书给妈妈过目时。妈妈就会大吃一惊地说道：“这是什么破书呀！这么贵。”其实，妈妈在说这些的时候，首先应该自我检讨，因为你还没有教会孩子如何买书。

此外，妈妈除了引导孩子购买自己感兴趣的书籍以外，还应该引导孩子多读一些人物传记。因为每个人都有崇拜名人的心理。对于孩子而言，在爱梦想的年龄会有一个追星的时期，这是正常的。妈妈应该因势利导，让孩子多读一些人物传记。

一般来说，喜欢读人物传记的孩子，表现得更有理想、更有奋斗精神和前进的动力。所以，要想让孩子在生活中充满斗志，首先就要从心灵上让孩子的斗志昂扬起来。下面是好妈妈推荐的经典书目：

1.《贝多芬传》

贝多芬是世界上伟大的音乐家之一，他一生贫困潦倒、疾病缠身，最后在无比忧郁的折磨之下，失去了听力。然而在沉重的打击之下，他没有就此沉沦，而是凭借着坚强的意志和大无畏的精神，坚持不懈地努力向命运开战，终于创造了令世界人民为之震撼的《英雄》、《命运》等交响曲。

2.《拿破仑传》

拿破仑从小就表现出了不达目的誓不罢休的执著。他在上小学的时候，有一次因为一点误会和隔壁班的同学打架。对手是一位高大的男生，但是瘦弱的拿破仑并没有因此而害怕，他勇敢地站在对手面前说："嗨！小子，你误会我了，我要求你向我道歉。"结果拿破仑为此付出了"惨痛"的代价，终于让对手说出了"对不起"这三个字。另外，拿破仑酷爱读书，而且每读一本都要做笔记。

3.《假如给我三天光明》

失去了听觉和视觉的海伦并没有被残疾压倒，而成功地读完了大学本科。她一生写了5本书，关于她的一生，曾被拍成了3部电影。

由于此类的图书浩如烟海、不胜枚举，故而仅列举如上三本，权作抛砖引玉之用。总之，妈妈要让孩子在通读这些伟大人物传记的时候，从他们身上发现闪光点，并以他们为榜样，努力奋进、勤于读书、勤于读好书！

但是由于孩子缺乏耐性和持久性，因此妈妈给孩子买的书不宜太厚，否则会影响孩子读书的热情。

莎士比亚曾说："书籍是人类的营养品。"希望孩子在妈妈的教导下，多读书、读好书。并从中汲取丰富的养分，快乐，健康地生活！

怎样读书最有效

中国人评价一个人读书很失败的时候，就会用"书呆子"、"读死书""死读书"等字眼去形容。其实，读书的目的是为了获取智慧，而不是做书本的奴隶。早在两千多年前，儒学大师孟子就说："尽信书则不如无书。"由此可见，读书也是一门学问。如果方法不对，就会落人笑柄。因此，妈妈在教育孩子读书时，一定要选择尽善尽美的方法。唯有如此，才能让孩子做知识和书本的主人。

古人说："读万卷书，行万里路"。换句话说，也就是"读书"和"行路"两者之间的关系是相辅相成的。所以，最有效的读书方法就是把"读"与"行"紧密结合在一起。

为此，妈妈可以在征求孩子同意的基础上，参考孩子最近所读的书，组织孩子外出旅游。让孩子在旅游中，领会知识的奥秘，并由此刺激孩子以更加饱满的热情投身到知识的海洋，更加热爱读书。

朵朵喜欢读书，妈妈决定带她到全国各地去旅行，把她读过的书变活，让她在大自然中去回顾历史遗迹。

她们乘船游三峡，朵朵感慨万千。她满怀激情地站在甲板上，大声高喊着："三峡——我来了——我来了！"然后她又情不自禁地朗诵了一首诗：

巫山夹青天，巴水流若兹。

巴水忽可尽，青天无到时。

朵朵完全陶醉在长江三峡的壮丽景观中了。从她那兴奋的脸上，妈妈仿佛听到了女儿与古人的亲密谈话。

当船快驶进奉节时，朵朵突然说："江姐的丈夫彭咏梧就牺牲在这里。"

《红岩》是妈妈推荐给朵朵看的书。妈妈说："据说，他的墓就在这里。到重庆之后，咱们可以再去渣滓洞和白公馆看一看。"

"一定去！"朵朵恳切地说。早在武汉计划行程时，她就要求过了。在重庆只有一天的时间，妈妈带她去了红岩村，又去了渣滓洞和白公馆。妈妈发现，朵朵瞪大了眼睛，仔细地观察这狱中的一切。到了江姐被关押的牢房，她的步子放慢了，一会儿干脆停在那里，逐字逐句地读说明文字。

朵朵低声问："江姐她们为什么不怕折磨？怎么连死都不怕呢？"

"这就是信念的力量，人格的力量。"妈妈轻轻答道。

"今天的人能做到吗？"

"能，但要修炼很久才能。"

朵朵沉默了一会儿说："回家后，我要再看一遍《红岩》。"

看完这个故事，我们不禁会产生一连串的联想。如果没有这次旅行，朵朵会有重读《红岩》的渴望吗？没有这次旅行，朵朵会深刻明白人格的力量吗？没有这次旅行，朵朵会对祖国的如画江山如痴如醉吗？答案是未知的。不过，正如古人云："纸上得来终觉浅"，想必埋头苦读所学的知识，终究不如在实践中来的深刻。

也许，很多妈妈没有足够的时间带着孩子畅游祖国山水。那么,这是不是就意味着,孩子只能被关在“象牙塔”中,独自吟哦了呢?当然不是,妈妈还可以跟孩子玩一场表演游戏。因为孩子在读书过程中,一定有一些他很喜欢的人物、很喜欢的故事,妈妈可以通过“表演”的方式让孩子体验书中的人物,这样会促进孩子对作品的理解，同时也有助于激发孩子对读书的喜爱。

此外,孩子在读书时,一定要充满瑰丽的想象,这样可以增强读书的情趣。例如当看到一处悬念时,不妨暂且把书本合上,发挥想象的空间,预测一下结果。根据美国纽约州立大学的一项调查研究表明,对未成年儿童来说,在妈妈的帮助下,阅读时充分发挥想象的空间，将有助于促进孩子语言和思维能力的提高。

以上我们介绍了孩子读书的方法。那么,妈妈在教孩子读书时,应该注意哪些问题呢?

1.健康读书好姿势

妈妈一定要意识到正确的阅读姿势对孩子成长的重要性。要经常观察、提醒孩子,帮助孩子正确阅读。理想的阅读姿势是大腿与地面保持平行,背部直立。椅子不能太硬也不能太软,椅子应该有一个直的而不是斜的靠背,椅子的高度应该足以让大腿与地板平行或比平行稍高一点。

2.爱读书者爱护书

有的孩子每看完一本书之后,这本书基本上也就可以进“历史博物馆”了。因为他们只知道读书,却不知道如何爱惜书。所以妈妈要教孩子爱惜图书,要告诉孩子,手很脏时不能看书,一定要先把手洗干净;手上有汗,一定要擦干净;书不能折页,要学会使用书签;刚买的书要给书包上书皮,把它放在一个干净、好保存的位置;保持图书整洁,给书加注时要工整、清晰,字迹要写工整，画一些重点的标记，用波浪的符号或者横线，一定要画得很规范；鼓励孩子保存看过的图书。妈妈要从点点滴滴做起，才能培养起一个孩子爱读书、会读书的良好习惯，良好的习惯养成了，就一定会让他受益终身。

3.引导孩子做读书笔记

对于孩子来说，看书时做笔记是非常重要的。因为孩子看书有个特点，喜欢看热闹，很快地翻，哪热闹就看哪，没热闹就翻过去。这样读书，孩子对书的内容难有准确的理解。一般说来，孩子动手做笔记有助于养成他们动脑筋的好习惯，他们会一边记一边思考。所以，妈妈要想让孩子做一个会读书，爱读书的孩子，就首先让他们从做读书笔记开始吧。

4.记录名言名句

名言名句本身包含着丰富的人生哲理。也许这些道理，孩子现在一时还不能完全领悟和体会。但是，随着年龄的增长，他们总会有一天会明白。记录名言名句，可以增强孩子的自信心，对于孩子的健康成长十分有益，更何况，儿童是记忆力的黄金时期。所以妈妈应该及时抓住这个机会，让孩子尽可能多得背诵和记忆名言名句。正所谓："书到用时方恨少"，妈妈可千万不能给孩子留下任何遗憾哦！

中国历史上，善读书者灿若星河。有以书为肴，就酒入肠者；有闹市读书，如入山林者；有字斟句酌，一丝不苟者；有不求甚解，但求其意者。总之，妈妈只有选择了最适合孩子的读书方法，才是最有效的、科学的。

今天您讲故事了吗

有些妈妈认为，孩子的理解能力低，给他们念书讲故事简直就是浪费时间。其实不然，当孩子瞪着眼睛听妈妈讲故事的时候，会十分认真地聆听妈妈的声音，甚至会盯着妈妈手中的书。

根据儿童教育专家的研究发现，在幼儿阶段的孩子，他们听故事的主要目的并不是要理解故事中的内容，而是在听故事的过程中，熟悉妈妈的声音、习惯看到书，抚摸到书。由此可以产生对书的兴趣，并逐渐形成爱读书的自然习惯。所以，妈妈应该从孩子很小的时候就养成为孩子讲故事的习惯，每天 10~20 分钟，持之以恒，孩子对阅读的兴趣便会在妈妈抑扬顿挫的朗读声中渐渐产生了。

看过《蜡笔小新》动画片的观众们，一定不会忘记，每天晚上美芽给小新读故事的场景。镜头里，妈妈耐心而轻柔地依偎在孩子身边，饱含深情地朗读一首儿歌，或是一则童话，而小新的眼睛中也闪烁着求知光芒。虽然，小新在课堂上是个顽皮的孩子，但是我们决不能因为他的顽皮而否定了他对阅读的兴趣。我们不是可以经常发现，小新每天放学之后，抱着可爱的宠物狗趴在地上阅读图书吗？所以妈妈应该把讲故事当做生活中的一部分，当做教育孩子的重要手段。长此以往，孩子的读书兴趣便会如春起之苗，茁壮成长了。

然而给孩子朗读故事，可不是一件轻松容易的事。首先妈妈的声音既不能太高，也不能太低，而且要富有节奏变化。这样才能保证孩子的注意力，紧紧地跟随故事情节的变化而变化。同时，孩子的兴趣才能被充分地调动起来。

其次，朗读故事要注重方法。有的妈妈在给孩子朗读故事的时候，就“照本宣科”、平铺直叙、毫无悬念，结果适得其反，讲故事竟变成了孩子的催眠曲。但是有的妈妈却是讲故事的高手，那么她们是怎么做到的呢？

有一位妈妈，她选好一本生动有趣、图文并茂的故事书，先给孩子朗读。当读到精彩处，等孩子的注意力全部被吸引过来时，她便借故离开，不但不理睬孩子眨巴着眼睛的哀求，还故意吊孩子的胃口。孩子没办法，只好自己指着书一个字一个字地读，到后来孩子不再等母亲朗读前半段，而是完全自己看了。

通过这个故事，告诉了我们一个道理：半个故事比一个完整的故事更富有吸引力。当孩子的注意力被完全吸引，欲罢不能的时候，就是妈妈促成孩子自主阅读的最佳时机。可能有些妈妈会担心，孩子看不懂书本上的文字，但是这又有什么关系呢？因为孩子看故事有个特点，他们只要看到图片，就能理解图片背后的故事，他们是完全不需要文字说明的。

还有一位妈妈，她讲故事的方法更是高明。她不仅培养了孩子阅读的习惯，还培养孩子丰富的创造力和想象力。妈妈每读完半个故事后，就引导孩子想一想故事还会有什么别的结尾吗？能不能给它续写故事呢？久而久之，孩子也喜欢上续写故事了。结果，这个孩子的写作水平得到了很大的进步，并多次荣获最佳写作奖的一等奖。

所以看似平淡无奇的讲故事，其实却隐藏着重大玄机。故事可以说是孩子最亲密的伙伴，他们对故事充满了好奇。妈妈给孩子朗读一个故事，就开启了他们憧憬阅读和智慧的神奇大门。在妈妈的指引下，他们学会了阅读，学会了解读手中的每一本故事书，更学会了体验每一次成功解读后的喜悦。长此以往，他们也会更加深爱阅读了。

看到这里，也许仍有许多妈妈怀疑讲故事的效用，她们会说：我的孩子现在每天看电视不止三、四个小时，看电视难道不也是在“听故事”吗？怎么不见孩子有阅读的兴趣呢？

其实，孩子看电视和听妈妈讲故事，是有着很大区别的。五彩纷呈的电视图像会使孩子不能把注意力完全放在“听”上，而且还会抑制孩子的想象力，无法使孩子专心感受语言的美。研究资料也表明，孩子每天看电视三小时左右，读书效率会骤减。这一研究结果也提醒着妈妈们，大量看电视将会影响孩子智力的开发。作为妈妈必须从自身做起，养成良好的日常生活习惯，用科学的方法来教育培养孩子，而讲故事就是最好的选择！

第六章 好孩子是妈妈的一粒"金"豌豆

许多妈妈成天渴望着自己的孩子能成为众人眼里的好孩子。可是究竟什么样的孩子才是好孩子呢？一般情况下，学习好、分数高、听话乖巧，只要符合这三个标准就是妈妈心目中的好孩子。元代著名戏剧家关汉卿曾说："我是个蒸不烂、煮不熟、捶不扁、炒不爆、响当当一粒'铜'豌豆。"如果妈妈能把这粒响当当的"铜"豌豆变做一粒光芒四射的"金"豌豆，想必这才是教育的真谛所在吧！

做独立自强的好孩子

很多妈妈认为孩子是需要呵护的,等他们长到一定的年龄,就会自然而然地独立起来了。其实这种看法是错误的。孩子的独立性必须从小培养,但是究竟如何培养孩子的独立性,许多妈妈又感觉束手无策。

其实培养孩子的独立性,首先要培养孩子的独立动手能力。例如,孩子从 1 岁开始培养自我服务的技能,包括穿衣服、系鞋带、扣纽扣、开拉链、刷牙、洗脸、梳头、吃饭、上厕所等,幼儿教育工作者在长期观察和研究的基础上提出 18 至 24 个月大的婴幼儿能够学会自己用杯子喝水,能够捡起玩具;2~3 岁的婴幼儿能学会控制大小便,会用叉和勺吃饭,能够比较熟练地穿脱衣服,开合拉链;3~4 岁的幼儿能学会扣纽扣、系鞋带、吃饭、洗脸、刷牙等,几乎不用妈妈帮助,5~6 岁幼儿能学会自己洗碗,能够整齐地保管自己的东西,这样孩子的独立性就会得到很大的提高。

有的妈妈看见孩子在墙上乱画、用嘴咬玩具、拿剪刀和笔在书本、衣服等物品上乱剪乱画,她们会笑嘻嘻地,很高兴孩子学会了某种技能,而不是痛惜某件东西被孩子损坏了。然后妈妈还会耐心地告诉孩子一些操作上的技巧和知识。

根据儿童教育专家建议，妈妈经常给孩子提出任务，创造成功完成任务的条件，有助于帮助培养孩子的独立性。

例如：为训练4岁孩子自己穿鞋，妈妈可以给孩子一双稍微大一码的鞋子，这样可以方便孩子穿鞋。早餐时，孩子向杯子里倒牛奶，妈妈可以提供一个广口的塑制杯子，这样做不仅可以提高孩子实际动手的能力，还能增强孩子自己动手做事的兴趣。

在美国，孩子从小就睡在小床上，稍大后会有自己独立的房间，从没听说过他们与父母睡在一起。在孩子日常生活的处理上，妈妈只帮助孩子做一些在当时的年龄上还无法做到的事情，凡是孩子自己力所能及的事都尽量由孩子自己去完成，从小培养孩子独立的潜意识。美国人认为孩子应该自立，很早就培养孩子独立生活的能力。在他们看来，孩子虽小，但也是独立的人，所以在日常生活中给孩子充分提供参与和表现的机会，无论结果怎样，总会对孩子有所帮助的。

所以，妈妈应该从小就把一些家务派给孩子，并与孩子一起讨价还价，定好价钱，给多少钱，干多少活。

李红的小儿子言言，刚满4岁的时候，承担了把家里的垃圾收集后放到垃圾箱的工作。每天的“工钱”是1块钱。他家大大小小好几个房间，十几个废纸篓，要一个一个地清理一遍，工作量不小，1块钱也赚得不容易。

有一次，李红的朋友故意假装神秘兮兮的样子问言言：“你一共有多少钱？”小家伙自豪又神秘地悄声告诉她说：“50块钱！”连藏哪儿也说了。朋友问李红：“为什么这么小就让他干活？”妈妈说：“从小让孩子接触生活，这样不仅可以培养他独立的生活能力，而且也能让他从中知道生活的艰辛。这样，等他长大之后，无论他到那个城市读书，我们都不用再担心他了。”妈妈的做法是明智的。孩子总有一天要长大成人，孩子不能一生都在妈妈的羽翼下生活。要想让孩子永远生活的健康快乐，妈妈就要让他们从小开始学会独立。当然妈妈用金钱刺激孩子独立的做法，虽然值得商榷，但是培养孩子的独立能力，乃是大势所趋，毋庸置疑的。

其次，树立孩子独立思考能力。因为一个习惯于独立思考的孩子，将来一定能成长为一个人格独立、个性鲜明的人。

有一次，一个七、八岁的女孩和妈妈一起参加朋友举办的宴会。妈妈的朋友就问小女孩说："你长大以后想当什么？"

女孩自信满满地答道："总统！"

女孩的回答，引得全场一片哗然。朋友做了一个滑稽的吃惊状，然后问："那你说说看，为什么美国至今没有女总统？"

女孩想都不用想就回答："因为男人不投她的票。"

全场一片笑声。朋友问道："你肯定是因为男人不投她的票吗？"

女孩不屑地说："当然肯定！"朋友意味深长地笑笑，对参加宴会的朋友们说："请投她票的男人举手。"伴随着笑声，有不少男人举起手。朋友得意地说："你看，有不少男人投你的票呀！"女孩不为所动，淡淡地说："还不到三分之一！"朋友做出不相信、不高兴的样子，对来宾们说道："请在场的所有男人把手举起来！"言下之意，不举手的就不是男人，哪个男人"敢"不举手？在哄堂大笑中，男人们纷纷举起了自己的手，甚至有的男士竟举出了双手以示赞成。朋友故作严肃地说："请投她票的男人仍然举手，不投的放下手。"朋友这一招很厉害：在众目睽睽之下，要大男人们把已经举起的手再放下来，确实不太容易。这样一来，虽然仍有人放手下来，但"投"她票的男人多了许多。

朋友得意洋洋地说道："怎么样？'总统女士'，这一回可是有三分之二的男人投你的票啦。"沸腾的场面突然静了下来，人们要看这个女孩还能说什么？女孩露出了一丝与童稚不太相称的轻蔑的笑意:“他们不诚实,他们心里并不愿投我的票!”许多人目瞪口呆。然后是一片掌声,一片惊叹……

这是美国一个很典型的幽默故事。我不知道,读者看完之后作何感想。然而我们要问的是,女孩在回答这些问题时,孩子的妈妈在哪里?她在做些什么?倘若您就是这个女孩的妈妈,您会怎么做呢?曾经见过这样一个场面,一位叔叔问孩子说:“你的理想是什么啊?”孩子思考了一会说:“做一名大科学家。”

可是就在这个时候,妈妈却突然白了孩子一眼说:“你连数学考试都不及格,还梦想当大科学家?”言下之意是说,孩子不配拥有这样的想法。

通过这个故事的对比,我们就会很明显地发现,女孩母亲的沉默,其实就是对孩子独立思考能力的认定和鼓励。倘若女孩刚回答完第一个问题时,妈妈就抢白说:“别做白日梦了。”或者一巴掌拍过去,那么恐怕就不会有下面小女孩充满睿智和机变的精彩对话了。因此妈妈要时刻注意对孩子独立思考能力的培养。著名哲学家笛卡尔说:“我思故我在。”没有独立的思考,就不能获取真正意义上的独立。在日常生活中,妈妈要经常提供一些机会给孩子自己去思考、去感觉、去判断什么是对的,什么是错的?什么应该做?什么不应该做?长此以往,孩子就能离开妈妈的呵护,独立自强的生活了。

一加一减一平衡

鼓励和压力就像天平的两端,落在每个孩子的肩膀上。但是,仿佛从孩子一来到这个世界,他们所承受的压力就远远高于鼓励。

目前，就孩子所承受的压力而言，已经严重“超标”。有人曾在一篇文章中指出，现在孩子的生活，犹如抱着石头上山，每走一步，都要承受着加倍的压力。那么是不是没有压力就对孩子成长有利了呢？科学证明，如果完全没有压力也是不利于孩子成长的。那么孩子究竟应该承受多大的压力适宜呢？一般情况下，孩子能承受多大的压力取决于妈妈给孩子多大的鼓励。一个孩子在没有压力也没有鼓励的环境下难以成才，因为没有足够的压力使他前进，没有相应的手段对他进行塑造，他的潜力得不到发挥。如果孩子接受的是高压力但缺少鼓励，孩子就会感到如孤军奋战，很难走向成功。反之，孩子就会因为缺少压力，而变成一个被宠坏了的孩子。所以孩子的成长需要一定的压力，但同时也需要得到妈妈较多的鼓励。适当的压力和鼓励，既让孩子充满挑战的信心，又让孩子得到必要的指导，这样才更有利于孩子取得成功。

然而现实生活中许多妈妈却想当然地认为，给孩子创造优越的物质生活条件，每月给他足够的零花钱，就是对他最好的鼓励。其实不然，心理学家算过一笔账说：做妈妈的不亏欠孩子一分钟时间；不欠昼夜不停地为他们开车的义务；不欠他们的音乐课、网球课和昂贵的自行车。当他们长到 16 岁时，不欠他们的摩托车或小汽车；他们从学校毕业后，不欠他们去欧洲的旅游费用。孩子结婚后，做妈妈的不欠他们用分期付款的办法买房子首次该付的钱，也不欠他们购买家具的钱，总而言之，妈妈不欠孩子任何一句话，可是唯独欠孩子一句“鼓励”。

鼓励是一针催化剂，可以激发孩子最大的潜能，创造最大的成功。

苏樱是个可爱漂亮的小女孩。可是当她念一年级的时候，她那小小的身体里面竟长了肿瘤，并住院接受 3 个月的化疗。出院后,她显得更瘦小了,神情也不如往常那样活泼了。更可怕的是,原先她那一头美丽的头发,现在差不多都快掉光了。虽然她那蓬勃的生命力和渴望生活的信念足以与癌魔一争高低,她的聪明和好学也足以补上被拉下的课程,然而每天顶着一颗光秃秃的脑袋到学校去上课,对于她这样一个六、七岁的小女孩来说,简直是太残酷了!

在苏樱返校上课前,妈妈找到老师,希望在老师的帮助下,让全班的孩子都带着帽子上课。老师深刻地理解妈妈的苦衷。于是老师热情而郑重地对同学们说:"从下星期一开始,我们要学习认识各种各样的帽子,所有的同学都要戴着自己最喜欢的帽子到学校来,越新奇越好!"

星期一终于来到了。离开学校3个月的苏樱第一次回到了她所熟悉的教室。然而她站在教室门口迟迟不愿进去,她担心、犹豫,因为她戴了一顶奇怪的帽子。

可是让她感到意外的是,班里的每一个同学都戴着帽子。和他们五花八门的帽子比起来,她戴的帽子显得是那样普普通通,几乎没有引起任何人的注意。一下子,她觉得自己和别人没有什么两样了,没有什么可以妨碍她与伙伴们自如地见面了。她轻松地笑了,笑得那样甜,笑得那样美。

晚上苏樱回到家里,高兴地扑在妈妈怀中,撒娇地说:"妈妈,今天班里的同学都戴着一顶帽子。"

妈妈紧紧搂着孩子说:"孩子,无论到任何时候,也无论发生任何事情,我们每个人都将是一样的,除非你自认为不同。"

就这样,日子一天天过去了,苏樱也似乎早已忘记了她与别人的不一样。

这个故事就告诉了我们,妈妈的鼓励对一个孩子化解生活的压力,重新找回对生命的自信和热爱,有着十分重要的作用。毫无疑问,故事中的苏樱在生活面前是个胜利者,但是妈妈的鼓励却是她战胜恐惧、赢得成功的原动力。

那么，在鼓励和压力的两端，妈妈应该怎么做才能保持天平的平衡呢？才能让孩子在平衡中稳步前进呢？

1.交流沟通、对症下药

妈妈应该经常和孩子交流，在谈话中听取孩子的心声。然后根据具体情况，适当的予以鼓励和施压。

2.与孩子并肩作战

当孩子承受压力时，妈妈要和孩子一起面对，让孩子正确地认识失败和成功，认识到“失败”与“挫折”的区别，帮助他分析失败的原因和过程，注意发现和肯定他在学习以外的优点和长处。同时，妈妈还应当教导孩子要坚持原则，不对的事一定不能做，让孩子知道，能够做到不随波逐流是很不容易的，这也是一个人成熟勇敢的表现，也是有主见、有头脑的表现。总之，妈妈要和孩子心往一处想、劲往一处使，这样才能增强孩子克服压力的勇气和信心。

3.不要拿他们当孩子看待

加强他们抗拒各种不良诱惑的能力，让孩子发表一些建议，把一些适合孩子年龄的事情交给他自己去做，并且重视孩子的想法和言行。鼓励孩子培养广泛的兴趣爱好，多参加一些学校组织的课外活动，这对缓解孩子的心理压力是大有裨益的。

等待也是一种智慧

古语有云：“凤栖梧桐，焉知不是养精蓄锐，他日当一鸣惊人，翔舞九天。”意思是说，在等待中积蓄力量，将取得更大的成功。

美国斯坦福大学曾做过这样的实验。他们把一些孩子放进同一间屋子，告诉他们说，现在妈妈出去办点事情，如果愿意等到妈妈回来，就可以得到两块的蛋糕；如果你不愿等，现在就可以得到一块蛋糕，只能得到一块。实验结果是孩子们各得其所。十几年后，研究者发现，那些耐心等待后得到两块蛋糕的孩子毕业后，在社会适应能力、自信、处理人际关系、面对挫折、积极迎接挑战、不轻言放弃等心理品质方面，远远高于那些不能等待的儿童。所以，妈妈在教育孩子时，一定要让孩子学会等待。

有的妈妈对孩子是有求必应、百依百顺。久而久之，孩子就丧失了等待的耐心，开始变得越来越急躁，越来越任性和贪心。可是当他们一旦离开妈妈的怀抱踏进社会时，那种任性、急躁的性格特点就会令他们饱受挫折和打击。而事事不顺心的他们，往往不会从自身找原因，反而觉得别人有意跟他们过不去，总是与周围人处于一种对峙状态，长此以往，很可能酿成忧郁、偏执、狂躁等各种心理疾病。为了减少痛苦、追求幸福，学会等待将是孩子从小的必修课。

根据儿童教育专家研究表明，懂得等待的孩子，具有以下优点：

1.孩子性格沉稳，不骄不躁

当孩子需要什么东西时，即便妈妈不能立刻满足，孩子也不会大呼小叫、乱发脾气，而是静静等待。这样更有利孩子今后的成长。

2.孩子会感受到幸福的温暖

孩子想要一块巧克力，妈妈不能立刻买；孩子想吃麦当劳，妈妈不能马上带他去；孩子想要一个火车模型，妈妈不能马上送给他。所有的东西，都不能轻而易举地得到，孩子才会珍惜，才会感到拥有时的幸福。

3.孩子懂得珍惜

当孩子轻而易举地得到想要的东西时，他们往往不会珍惜，有些孩子的玩具箱里，放着几十件玩具，哪一件玩具都是玩几天就丢到一边了，有时还拿玩具乱扔、乱摔，对玩具一点都不爱惜。假如这是一件等了几天，甚至是一个月才得到的东西，那么他还会如此不爱惜吗？

在现实社会中，适时地学会等待，有时可以使人把握更好的时机。等待可以从小锻炼孩子的这种能力，从小给孩子一点点挫折感，让他学会等待，从而让他感受到生活的美好、幸福，懂得珍惜。长大后，这种品质也会在他的生活中发挥重要作用。

然而现实生活中，有些妈妈认为，等待教育就是把孩子培养成慢性子，对什么事情都不着急，也不积极，这样就算教育成功了。其实这种看法是错误的。等待教育是充满智慧的一种教育方式，如果不能深刻地把握等待教育的精髓，那么即便是等到老，最终也是一事无成，所以培养孩子学会等待，就一定要注意方式方法。

妈妈把一小捆韭菜放到孩子面前。孩子便不停地说："妈妈，这么多韭菜，我什么时候才能择完呢？"

如果你是孩子的母亲，你会怎样回答他呢？

回答一："有你说废话的这些工夫，韭菜也该择完了。"

回答二："别人能择完，你怎么就择不完呢？"

回答三："不如这样，你每择完20根，就给妈妈送过来好吗？"

回答一表现出妈妈没有耐心听孩子的倾诉，妈妈以权威的身份命令孩子择菜，没有理解孩子的感受。这样的回答会令孩子感到妈妈不明白他们的感受，从而形成隔阂。

回答二反映出妈妈跟孩子对立的立场，即使妈妈不是存心跟孩子对立。妈妈没有了解孩子的情况，而且没有必要将孩子和其他孩子比较，这样的回答，孩子会感到自己不如其他孩子，容易产生自卑感。

回答三最可取。妈妈建议孩子把韭菜分量完成，以减轻他的心理压力，而且妈妈承诺孩子每择完20根韭菜就检查他的成绩，这样孩子会感到妈妈也跟他一起面对择菜的任务，分担了一部分压力。

看完这个故事，想必妈妈们一定会有所领悟吧。等待教育就是凡事不能操之过急，就像打一套太极拳，阴阳动静，万物变换，皆在那不温不火的慢条斯理中尽情展现。

此外，妈妈在对孩子进行等待教育时，应该注意以下几点：

1.行家首先是专家

一些妈妈居然自己也不懂什么是等待。她们一方面对孩子无比溺爱，另一方面自己又充满了童稚的幻想。所以妈妈在教导孩子在等待中成长时，一定要先把自己培养成“专家”然后再做“行家”。

2.不要讲玄而又玄的大道理

只要一讲到教育，很多妈妈就会滔滔不绝的满口大道理。其实，以身作则，用行动作示范比说大道理更有效。

一个男孩在院子里练习骑脚踏车，辛苦了半天还是骑不好。这时妈妈从一旁走了过来，接过儿子手中的脚踏车，立刻演示了一遍。然后说：“你会骑得越来越好，只是还需要时间罢了……”后来儿子不仅学会了骑脚踏车，而且骑车的技术越来越棒了。由此可见，示范比讲大道理有用得多。

3.等待不是撒手不管

等待绝不是撒手不管，对孩子的成长漠不关心。相反，它更需要妈妈对孩子的细腻关注和耐心等待。也就是说，在教育孩子方面，妈妈应该少一些急躁的功利之心，多一些等待的理智。

4.等待不是“食言”的工具

让孩子学会等待，并不是意味着妈妈可以用“等待”作为食言的工具。也就是妈妈答应孩子的事一定要做到，否则孩子会认为妈妈不守信用。

相传，曾子之妻要去赶集，儿子哭着也要去，妻子哄儿子说："在家里待着吧，我赶集回来杀猪给你吃。"儿子一听这话，立刻不再哭闹，便在家跟着曾子玩耍。时近中午，曾子见妻子赶集回来便放下手中的书，拿起一把杀猪刀，在磨刀石上霍霍地磨起来，妻子见状忙问："你这是干啥？"曾子回答说："你不是说赶集回来就杀猪给儿子吃嘛。"妻子阻止道："不过哄哄孩子罢了，何必真杀呢？"曾子认真地说："对孩子不可说谎，孩子是学习父母言行的，如今你欺骗孩子，是教孩子学骗人，这样怎能教育好孩子呢。"妻子无言以对，于是曾子就找人帮忙把圈里的猪杀了，让儿子美餐了一顿。

这个故事告诉了我们，孩子的等待应该是希望和满足，而不该是妈妈的毁约和失信。否则妈妈的形象就会在孩子心目中大打折扣了。

当然，并不是所有的事情都可以等待，妈妈要对孩子提出的要求加以判断，决定哪个能马上满足；哪个需要再等待；或者哪个根本就不能满足。总之，为了孩子能有个美好明天，一切都需要妈妈灵活运用。

谁是犯错的宠儿

在孩子眼中，犯错误几乎已经成了妈妈的专利，然而生活中有许多妈妈却心安理得地接受了这份"终极审判"。例如，孩子考试不及格，孩子就认为妈妈没有给他请最好的家教；孩子拿了同学的橡皮，孩子就说妈妈没有给他买和同学一样的橡皮；

孩子喜欢在同学家留宿，孩子就说妈妈没有给他买舒适的床垫；于是妈妈接到“判决”后，就立刻给孩子请了最好的家教，买了最好的橡皮和床垫，总之一切都是按照孩子的要求去办事。其实妈妈的这种做法是有失妥当的，因为妈妈没有让孩子正确地认识到自己所犯的过错。

红丽满13岁了，已经懂得追求漂亮了，最直接的表现就是她换衣服的频率越来越快，这直接加重了妈妈的负担。于是，妈妈决定找她谈谈。妈妈说：“宝贝，妈妈工作很忙，你已经13岁了，可以为妈妈分担些家务，做一些自己的事情了，以后你的衣服要自己洗。如果你忘记的话，就只好穿脏衣服了。”红丽很爽快地点点头答应了。

一周过去了，妈妈发现洗衣机里塞满了红丽的脏衣服，她很生气，于是很严厉地批评了红丽。红丽答应妈妈下不为例。

接下来的一周，红丽还是没有洗，脏衣服更多了。洗衣机里已经放不下了，它们都被堆在了红丽屋里，几乎占了一地，最严重的是红丽已经没有几件干净衣服可以换了。妈妈决定对此置之不理，以便好好教育教育她。但是红丽有她的应对办法：她从脏衣服堆里捡出稍微干净的衣服继续穿，就是不肯自己动手把它们洗干净。

几周过去，红丽已经再也捡不出一件稍微干净点儿的衣服可以穿了，而妈妈的态度丝毫没有改变，红丽没办法，只好把衣服一件件洗干净了。此后红丽的衣服都是由她自己来洗，而且她发现洗衣服并没有想象的那么难，甚至还渐渐喜欢上了洗衣服，并开始帮妈妈做其他的家务了。

从这个故事中我们不难发现，红丽最终开始动手洗衣服，其实并没有从根本上认识到自己的错误，而是迫于无奈，才选择了自己洗衣服。当孩子出现这种情况时，妈妈一定不能采取强势的态度，逼迫孩子做他不喜欢做的事情。正如故事里红丽一样，倘若她还有一件可以穿的衣服，那么她一定不会动手洗衣服的。这也就是说，红丽妈妈的做法是“治标不治本”。所以最好的解决办法就是，妈妈主动和红丽谈心，从交流中找出红丽不愿意洗衣服的根本原因，然后指出她的错误并加以引导，只有这样才能让红丽“痛改前非”爱上劳动。正如美国著名儿童教育专家说：“当孩子犯了错误，妈妈应先了解错误的原因，再合理地进行疏导，往往比强迫孩子如何做更有效。”事实证明了，专家的说法是科学的、正确的。因为当孩子没有弄清楚为什么要这样做或为什么不能那样做时，妈妈的强制命令只会增加孩子的抵触情绪。那么，妈妈应该如何让孩子认识到自己的错误呢？

女儿已经 6 岁了，上学时还经常忘记带作业。每当这个时候，妈妈都会在百忙之中抽出时间来为女儿送作业。虽然妈妈经常提醒她，但她老是记不住。后来妈妈去向一位学心理学的朋友咨询，这位朋友给了她一个建议，那就是当孩子犯错屡教不改时，妈妈可以暂时不要去管她，让孩子自己尝尝错误的结果。妈妈认为这是个不错的办法，于是决定试一试。回家以后，妈妈把女儿叫到跟前，平静地对她说：“你已经长大了，有些事情应该不用妈妈操心了。以后要记得自己带作业。妈妈每天都很忙，不可能老是给你送作业。今后妈妈不会再到学校给你送作业了。”

女儿点了点头。但是有一天，妈妈正在办公室工作的时候，突然接到了女儿的电话。电话中女儿急切地说：“妈妈，快给我送作业来吧。”妈妈还没来得及回答，女儿就挂断了电话。十分钟之后，女儿的电话又一次打了进来。女儿的声音更加迫切了。她着急地说道：“妈妈，快点送来呀，不然会出人命的！”

妈妈想了一会儿，回答说：“我现在工作很忙。”

五分钟之后，妈妈接到了女儿的第三个电话，这次女儿的声音近乎是祈求了，她苦苦地哀求说：“妈妈，快点送来吧，老师说今天不交作业要打手心的。”

妈妈听到这里，还是意志决绝地回答说：“妈妈现在很忙，你自己想办法吧。”

女儿的希望最终破灭了。晚上女儿回到家就径直回到房间，把自己锁了起来。吃饭的时候，妈妈问道：“你的作业交了吗？”

女儿一脸不悦地回答说：“没有。”

“那岂不是要出人命了？”妈妈故意说。

女儿低着头说：“还好了，没有出人命，只是被老师打了 20 下手掌而已。”

通过这件事情，妈妈就发现，每天晚上女儿写完作业之后，都会把明天所要带的课本和作业统统提前放进书包里。从此女儿再也没有打电话让妈妈送作业了。

故事中的妈妈，应该说意志很坚决，对女儿似乎很“残忍”。她宁可让女儿被惩罚打手心，也不肯“委曲求全”帮女儿送作业。此事之后，女儿似乎认识到了自己的错误，而且，也改掉了丢三落四的坏毛病。但是，她与妈妈的距离却也越来越远了，因为妈妈总是在孩子最危急，最紧急的时候，第一个被想到的人。可以说，此时的妈妈就是孩子心中的希望。可是，如果在这个时候，妈妈拒绝了孩子的请求，那么就无异于陷孩子于“危难”之中，所以故事中妈妈的做法是值得商榷的。

还有这样一位妈妈。有一次，儿子要在周日去参加县举办的奥林匹克物理比赛。平时儿子的物理成绩非常好，而且又善于动脑筋，这个比赛取胜的可能性太大了。

周六晚上，儿子像平常一样，吃了饭就去跟同学踢球了，然后看电视、读课外书一直到 11 点才睡。周日早上，每次都要睡到 10 点多才起床的。这天，妈妈硬着心肠不叫他，结果儿子果然 10 点才睡醒。等儿子赶到学校的时候，考试已经开始了。由于儿子迟到了一个多小时，考试成绩可想而知。儿子回家后非常沮丧，责怪妈妈没有叫他早点起床，使他在这次考试中失败了。

妈妈却对儿子说："儿子，你明明知道周日要去参赛，为什么不早睡？妈妈周日要去加班的时候，有没有要求你来叫醒我？你总习惯别人提醒你做事。但是，别人是不可能一辈子提醒你的，你要学会自己提醒自己，做错事后自己反省自己的错误！"从此以后，这个孩子做错事就会自我反省，只要他错了一次，就很少犯同样的错误。

看完这个故事，我们不禁会想到孔子的得意门生颜回。孔子曾评价他说："贤哉回也，不迁怒，不贰过。"意思是说，颜回是个大贤人，他从来不迁怒别人，同样的过错，从来不犯第二次。其实颜回不贰过的最根本原因就是他深刻地认识到了自己的错误。然而，这种认识过程是需要自己的深刻反省的，而不是故事中的妈妈，靠苛刻而严厉的手段换取的。如果想让孩子认识到自己的错误，就必须要如此"牺牲"的话。那么我们宁可不要孩子认识到自己的错误，因为我们"牺牲"不起。

古人云，"吾日三省吾身。"想必这才是孩子认识自己错误的最佳选择。如果再配以妈妈的合理教导，那么孩子就一定会以一种崭新的姿态出现在大家面前了。

好汉做事好汉当

中国有句古话："好汉做事好汉当"。意思是说，一个人必须对自己的行为负责。即便是孩子也要有一肩挑起的精神和勇气。然而现实生活中，很多妈妈却并不这样认为。她们会说，孩子还小,他们有什么责任呀!关键的责任在孩子母亲身上。其实这种看法是完全错误的。

有这样两家邻居。乔太太在某市一所中学当英语老师,与她家做邻居的是一对日本教授。有一天,这对教授夫妇的小儿子不小心将棒球砸到了乔太太的家门上,一块花色玻璃被打碎了。

发生了这样的事情,乔太太估计那对日本夫妇会很快领着孩子登门赔礼道歉。然而她想错了。那对日本教授在儿子闯祸之后,根本就没有出现。

第二天一大早,是那个孩子自己在出租车司机的帮助下,送来了一块玻璃。小家伙彬彬有礼地说:"阿姨,对不起。昨天我不小心打碎了您家的玻璃,因为商店已经关门了,所以没能及时赔偿。今天商店一开门,我就去买了这块玻璃。请您收下它,也希望您能原谅我的过失。这种事情再也不会发生了,请您相信我。"

理所当然地乔太太不仅原谅了他,而且喜欢上了这个懂事的孩子,她还款待孩子吃了早饭,并送他一袋话梅糖。但是让乔太太想不通的是,为什么孩子不在妈妈的带领下登门道歉。就在乔太太百思不得其解的时候,出人意料的事情又发生了。当孩子拿着那袋话梅糖回家之后,那对日本教授却出面了。

乔太太连忙出门迎接,本想她们一定会满怀愧疚地请求自己的原谅。可是让她没想到的是,她们对孩子打破玻璃的事情只字不提,反而将那袋还没有开封的话梅糖还给了她,并且解释了不能接受的理由:一个孩子在闯了祸的时候,不应该得到奖励。

看完这个故事,不禁让人产生一个疑问:孩子犯了错,为什么一定要把妈妈牵涉进来?正如故事中的乔太太那样,日本孩子打碎了自己的玻璃,而且已经由"当事人"赔礼道歉了。可是为什么她会产生孩子的妈妈没有登门道歉的疑虑呢?

其实在日本妈妈看来,孩子做了错事由妈妈替孩子认错、向别人道歉，其真正用心并非是“疼爱”孩子，而是在袒护孩子的过错。孩子小时候，一般还不会做出太出格的事，但由于妈妈总是出面认错，代孩子“受过”，久而久之，孩子就会觉得有妈妈给他当“替罪羊”，就很容易放任自己的言行，逐步变得肆无忌惮、为所欲为。到那时候，孩子不仅不能从错误中获得应有的教训，也不能树立起对自己言行的责任感。从而也不可能谨慎自己的言行，甚至还有可能犯更为严重的错误，所以她们不会代替孩子道歉。

中国自古就十分注重“赏罚分明”。孩子打碎了玻璃，就是犯了错误，既然犯错了，那么就理当受罚。可是为什么当孩子赔礼道歉时，乔太太不仅没有“惩罚”教育他，反而给他奖励呢？表面上看来，显的乔太太很有“度量”，其实不然。因为这样就会给孩子造成一种错觉，犯错误也不需要受罚。

由著名表演艺术家宋丹丹主演的《家有儿女》中刘星在学校乱扔纸屑、破坏公物，还把同学的鼻子打破了。但是由于爸爸隐瞒了部分事实真相，于是妈妈就决定给刘星奖赏。可是知道事实真相的小雨，就满心不悦，甚至还发出也要把同学鼻子打破的呐喊。当妈妈教育小雨有“暴力倾向”时，小雨才说出了心中的“秘密”，那就是“打破别人的鼻子有奖励”。

由此可见，当妈妈赏罚不均时，就会对孩子的健康心理产生不良影响，情节严重者还会效尤此事。所以当孩子犯了错误，就一定要受到惩罚，并且一定要由自己受罚。

根据科学研究表明，孩子主动承担责任，这不仅有利于取得别人的原谅，还能从小培养他们自律、自强的精神，对他们长大成人、顺利走进社会，具有重大帮助意义。所以请所有的妈妈们从现在开始就让孩子“好汉做事好汉当”吧！

相信自己创造未来

曾听过这样一个笑话：一个孩子雄心壮志地跟妈妈说，长大以后要当著名的科学家、文学家、军事家，乃至政治家。但是正当妈妈要称赞他时，他却反问妈妈道：“妈妈，你说我能行吗？”其实孩子的这句话就深刻地反应了，他是一个缺乏自信的人。一个伟人曾说：要有自信，然后全力以赴。假如具有这种观念，任何事情十之八九都能成功。所以妈妈在教育孩子时，一定要注意培养孩子的自信心。

法国文学家罗曼·罗兰说：“先有自信，然后才能赢得别人的信任。”倘若自己都不能相信自己的能力，那么别人又怎么会相信你呢？因此自信是每个孩子的必修课。

可是自信心该如何培养呢？下面我们就给妈妈们支个妙招，看看韦尔奇的妈妈是如何让孩子充满自信，并最终赢得胜利的。

“所有的管理都是围绕‘自信’展开的。”这是美国通用电气公司前首席执行官杰克·韦尔奇的名言。他也正是凭借着雄心满满的自信，在担任通用电气公司首席执行官的20年中，展现了非凡的领导才能。其实韦尔奇的自信与他妈妈的培养是密不可分的。

韦尔奇从小就患有口吃症，说话口齿不清，因此经常闹笑话，所以经常不敢在人前说话，为了培养孩子的自信，妈妈就经常跟儿子说：“这是因为你太聪明，没有任何一个人的舌头可以跟得上你这样聪明的脑袋。”

就这样，韦尔奇在妈妈的鼓励下，开始大胆地跟别人交流，而且从此以后对自己的口吃再也没有过丝毫的忧虑了。

韦尔奇的个子不高，却从小酷爱体育运动。读小学的时候，他想报名参加校篮球队，当他把这个想法告诉母亲时，母亲便鼓励他说："你想做什么就尽管去做好了，你一定会成功的！"于是韦尔奇参加了篮球队。当时他的个头只有其他队员身高的四分之三，然而由于充满自信，韦尔奇对此始终都没有丝毫的觉察。而且妈妈为了让儿子充满自信地活跃在篮球场上，她还主动当起了拉拉队的队长。

此外，妈妈还经常对儿子说："人生是一场没有终点的马拉松赛跑，只要你时刻充满了自信，就一定能坚持到最后。"

功夫不负有心人，韦尔奇在妈妈的教育培养下，终于拥有了非凡的自信，开创了人生事业的辉煌。

时过境迁，韦尔奇每每想起母亲的时候，总是会情不自禁地说：是妈妈给予了我成功。因为是她使我懂得自信、善于运用自信，成为赢得成功的人。如果没有妈妈的培育，我想我现在还是一个患有口吃的家伙。

从这个故事中我们可以看出，自信对一个人的成功将是多么重要呀！也许有些孩子在诸多方面存在不足和限制，但是只要充满自信，就一定可以冲破樊笼，赢得自由的天空。正所谓天高任鸟飞，海阔凭鱼跃。那么要想"九天揽月"就首先要有展翅高飞的信心。要想"五洋捉鳖"也需要有鱼翔浅底的自信。而这自信就来自于妈妈的谆谆教导。

美国总统克林顿也是母亲培养出来的一位充满自信的成功领导者。母亲是一名护士，她深知生活的艰辛，所以她就一心希望儿子将来不仅要有个好职业，而且升职还要快。因此她就殚精竭虑地一心扑到孩子的教育上。

克林顿上中学的时候胆子特别小。有一次上生物课的时候，老师教他们青蛙解剖，可是克林顿一看到血竟吓得逃出了课堂。于是班里的同学就耻笑他是"胆小鬼",并且很多同学还故意地疏远他,甚至还经常捉弄他,为此克林顿竟不敢上学了。母亲闻知此事之后,就鼓励他说:"孩子,妈妈相信你可以战胜恐惧,你一定能。"

在妈妈的教导下,克林顿学着妈妈的样子,提高了声音喊道:"我不是胆小鬼,我再也不害怕了。"

终于,他再也不害怕上生物解剖课了。后来在整个学习阶段,克林顿始终都是班里的佼佼者。因为他时刻牢记着母亲的一句箴言:"在你没有胆量的时候,你要装作有信心——然后你可能真的获得了信心。"

母亲不仅在学习上鼓励儿子充满自信,就连在以后的政治生涯中也离不开她的身影。1992 年,克林顿初选胜利,他在演讲中满怀激情地说:"你们想知道我是从哪里获得战斗精神的吗?你们想知道这种精神叫什么名字吗?那好,我现在就来公布答案,这一切战斗精神都来自我的母亲。这种战斗精神名叫——自信!是自信让我取得了胜利。"

不久,全国总统竞选开始了。在那段日子里,克林顿经常满怀忧虑。母亲看穿了儿子的心思,就主动对他说:"好孩子,请相信自信的力量吧!"在妈妈的热情鼓舞下,克林顿终于重新找回了勇气和必胜的信心。

不幸的事情发生了,母亲被检查出了"癌症",但是这个噩耗似乎并不能影响她投入到儿子的总统竞选之中。她发现自己一直都很有用,从电视网和来自全国各地的出版物看,大家都渴望了解这位聪明可爱的母亲。

她的头发烫成了波浪状,手上戴满了戒指,出入在各种演说现场。身体力行地支持着儿子的竞选。她总能从一位母亲的心声出发,呼唤大家对她儿子的支持。

虽然在那次总统竞选中克林顿失败了,但是他充满自信的演说却赢得了广大人民群众的支持和拥护，并且为他参加以后的竞选，奠定了坚实的基础。

1993 年，克林顿当选为美国总统。在他宣誓就职的那一天，母亲梳妆打扮得很漂亮。她说，我必须在全世界的电视镜头前保持最好的状态，于是她放弃了平时明亮的色彩，穿上了高雅的黑色服饰。在众人的簇拥下，宛如明星一般耀眼。而儿子也总是反复地强调着这句话："如果没有母亲的有力支持，没有她那样的力量，我不可能当上总统。"

看完这个故事，我们不能不感慨，自信是一切奇迹的缔造者。自信可以让一个人由平庸变得伟大，自信可以让一个人由失败迈向成功，总之，谁能拥有自信，谁就掌握了一半成功。所以为了孩子能早登"成功"的宝座，妈妈赶快让孩子自信起来吧！

想象力知多少

一位妈妈教孩子读书。有一天，妈妈问："雪化了之后，会变成什么啊？"女儿回答说："雪化了，就变成了春天。"妈妈立刻纠正说："不对，雪化了就变成水了。"于是这个孩子就牢牢记住了，雪化之后就变成了水。

当然妈妈的回答并没有错，只是缺少了几分灵秀之气和浪漫的想象空间罢了。正如一位伟人所说：世界上没有做不到的事情，只有想不到的事情。所以妈妈应该积极鼓励孩子多动脑筋、多思考，这样才能促进孩子想象力的提高。

萱萱问妈妈说："刻舟求剑这个寓言，是不是说那个找剑的古人很糊涂？"

妈妈回答:"那还用说，他坐船在江上掉了剑，就在船上刻记号,准备等船靠岸后,才跳进水去寻找,他不想想船已走得很远了,可是掉进水里去的剑并没有跟船一起走啊,哪有这么笨的人呢?"

萱萱又问:"为什么船走了，就断定掉下去的剑不走呢?妈妈想过没有,船和剑都在江水中呀!江水滚滚,船在划动,那掉进水里的剑会不动吗?电视里挎剑的人,不是总把剑放在剑鞘里的吗?剑没出鞘,一齐掉入江中,被江水冲着,走得不是更快吗?假如船停在掉剑的地方找,也不算是个聪明人吧?"

妈妈便问:"以萱萱的想法，那个人并不糊涂了，可能还是个聪明人喽?"

萱萱说:"你没看电视上那些带剑的都不是一般人物吗?他们要是不聪明的话,怎么能持剑闯江湖,做自已想做的事呢?我想那个坐船的人,过的一定是一条流水湍急的江,并且江水弯弯曲曲,江岸凹凹凸凸,他从这边凸处下船,开往对面凹处,由于江水自凸处拐弯,冲得很急,无论是撑船还是划船,都不能直线到达对岸,这样,船就要到达对岸的凸处上侧。在江上,挎剑的人突然剑掉了,根据水流情况,船是不可能停在原地捞剑的,估计这把剑有可能被冲到对岸的凸处上侧或以外的水里,那么必须到对岸下船捞剑才是科学的。如果那个掉剑的人是一位科学家,他早已懂得两点可以画条直线的道理,他掉剑的地方是个点,刚才他画在对面船舷的某个记号也是一个点,这两个点连成的线可以延伸到江岸某个地方，那么江岸就有一个点,这三点都在一条直线上。等船到了对岸,他用同样的方法找到彼岸上的另一个点,再目测两岸两个点,连成一条直线,与靠岸时确定的三点一直线形成一个角度,再根据船走的弧线,就可以断定这把剑掉在一个扇形的水域里。如此看来,只有靠了岸,才能找剑,只有刻了舟,才能找点。妈妈你想想,他不'刻舟',怎么去确定‘求剑’的范围呢？这不证明‘刻舟求剑’的人是个极其聪明的人吗？”

听完女儿的讲述，妈妈不由大吃一惊。一则流传了两千年的寓言故事，已然在女儿的奇思妙想下被彻底地翻案了。且不说萱萱的想法是否正确，但是她敢于想象，仅凭这一点就足以令人称赞。当然，故事中的妈妈与只会回答雪化了就变成水的妈妈简直是不可同日而语。孩子的培养需要妈妈点点滴滴的关怀，其中包括孩子天真绚烂的想象。在妈妈眼中，孩子的想象可能是幼稚的，但是，在孩子的心中，那就是一花一世界，一草一自在。所以，对孩子的想象，妈妈只能呵护，而决不能扼杀。

有人说，想象力比知识更重要，因为知识是有限的，而想象力概括着世界上的一切，推动着进步，并且是知识进化的源泉。

有一次，在为哥伦布发现新大陆举行的宴会上，一些贵族认为哥伦布发现新大陆完全出于偶然。哥伦布没有辩驳，他在宴席上拿起一个鸡蛋，对这些贵族说：“诸位先生，你们能把这个鸡蛋立在桌子上吗？”那些贵族拿起鸡蛋，左立右立，怎么也立不起来，只好请哥伦布来立。哥伦布把鸡蛋朝桌上一磕，鸡蛋立住了。贵族们很不服气，说这样他们也会做。哥伦布笑笑说：“问题是你们这些聪明人，谁也没有在我之前想起这样做！”

由此可见，想象的力量远比知识本身所产生的能量要大的多。我们不可否认，故事中的很多贵族可能都是学富五车、知识渊博，可是为什么他们就不能把鸡蛋立起来呢？原因就在于知识羁绊了他们的想象空间。

那么妈妈在教育孩子的过程中，应该如何培养孩子的想象力呢？

1.给孩子一个轻松、宽敞的自由想象空间

有的孩子有很多自己的想法，他们已经不太愿意听妈妈所谓的“标准答案”，而想有更多自己的东西，但是往往有的妈妈比较限制，从而大大影响了孩子想象的空间。所以，要想培养孩子的想象力，妈妈就要理解和支持孩子的想法，不能动辄就说孩子的想法是错误的，这样会容易伤害孩子的想象欲望。

有一次，妈妈让孩子画一幅未来的房子。4岁的小女儿不慌不忙地拿出画笔，没一会奇迹就发生了。奇特的外形、巧克力的门窗，墙壁上长有一双翅膀，据说还能潜水，总之，完全超出妈妈的预料。当妈妈看完这张画之后，她没有指责女儿的“胡思乱想”，而是用掌声告诉她：“你真棒”。

2.让孩子大胆地提问题

爱因斯坦之所以能成为一个伟大的科学家，一个突出的特点是爱提问题。用他自己的话说，“我没有什么特别的才能，不过喜欢寻根刨底地追究问题罢了。”

其实提出一个问题往往比解决一个问题更重要，因为解决问题也许仅是一个数学或实验上的技能而已。而提出新的问题则是从新的角度去探究旧的问题，要有创造性的想象力，而且每次新问题的提出都将预示着科学技术的进步和发展。所以妈妈不要限制孩子提问题，而应该抱以鼓励的态度，这样才能激发孩子的瑰丽想象。

3.不要妨碍孩子自己动手做事情

有个小孩子用小铲子把沙装在漏斗中再灌进瓶子。因漏斗下端是空的，所以装不满沙子，小孩子便把手指头塞到漏斗底去堵住漏口，当沙装满时便把它移到瓶子旁边，把手指放开，将沙漏进瓶子中。但是沙漏的速度会很快，从手指拿开到对准瓶口，沙子便漏得差不多了，这时孩子会锲而不舍，一点一点累积，手指移开的速度也越来越快。突然之间孩子开窍了，他把漏斗口直接对准瓶口再倒沙，瓶子很快就满了。这时孩子会发出胜利的笑声，高兴地回头看妈妈，妈妈会拍手以示鼓励。

根据科学研究表明，让孩子自己动手摸索而完成的事情，更能激发孩子的兴趣，而在摸索过程中，孩子的想象力也是飞速运转的。

然而生活中却有这样的一些妈妈：当她发现孩子自己在做一件事情时，总是喜欢上前帮上一把。殊不知，这样做会影响孩子想象力的培养，因为这样会给孩子造成一种错觉，即便自己完不成妈妈也会帮我完成的。久而久之，孩子不仅想象能力会减弱，而且还会滋生依赖的心理，对孩子健康成长是极为不利的。

俄国著名文学家列夫·托尔斯泰说："没有创造性的想象，那么，一切都将是模仿和抄袭。"所以妈妈们重视培养孩子的想象力吧！

竞争沙场多英豪

现实生活中很多妈妈认为，孩子应该谦和、内敛，不要张扬，否则就会成为别人眼里的"坏"孩子。

这是发生在许多年前的事情。林林和默默是同班同学，而且两家又是邻居，所以孩子放学后，都喜欢扎堆在一起写作业。有一次，林林很快就把作业写完了，而默默才刚完成了一半。于是林林就说："如此简单的作业，你还写这么久呀！"言下之意是说，你好笨啊！刚巧这句话被一旁的妈妈听到了。因为林林家境贫寒，曾多次受恩于默默家的帮助。所以妈妈就走上前，一把撕碎了林林的作业本，没好气地说道："写得快有什么用，给我重新写一遍。"

林林迫于妈妈的威严，只得重新写了一遍。由于默默写作业总是三心二意，所以林林很快就又超过了默默。这下妈妈更不高兴了，更何况默默的妈妈也在跟前。于是妈妈故伎重施，再次找理由撕碎了儿子的作业，最终让默默先于林林完成了作业。

通过这个故事我们可以发现，林林母亲的做法完全是错误的。在她看来，默默家有恩于自己家，所以自己的儿子不能先于默默提前完成作业，否则就是对他们家的不恭敬。其实妈妈忘记了一个不争的事实，那就是竞争。只有竞争才能生存，倘若妈妈在孩子还很小的时候，就残酷地剥夺了他们勇于竞争的权利。那么当他们长大之后，就将会永远丧失了成功的机会。

当今世界是一个充满了挑战和残酷竞争的世界。妈妈应该教育孩子从小树立竞争的意识，学习做一名文明社会里充满进取心和竞争力的征服者。只有这样，他们才能在激烈的竞争中脱颖而出。

丽丽数学考试得了 95 分，位列全班第三名。于是她很高兴地把考卷给妈妈看。妈妈勉励她说：“学习和跑步一样，当别人跑百米 14 秒，你要跑 13 秒。别人不服气，练了一段时间跑了 12.5 秒，又超过了你。你服气了，不练了，就不能进步了。你不服气，继续练，就可能达到 12 秒、11.8 秒，甚至达到 11.5 秒。所以只有在不断的竞争中，才能取得更好的成绩。”

古人曰：“学习如逆水行舟，不进则退。”这句话就传达了一个重要的信息——竞争。在激烈的竞争浪潮中，只有激流勇进、浪遏飞舟，才能时刻走在最前沿。倘若安于现状，裹足不前，那么结局只能有一个，而且是唯一的一个，那就是——失败。所以丽丽的母亲是正确的，她既肯定了丽丽所取得的好成绩，同时又不忘提醒丽丽“不进则退”的道理。

现实生活中，并非所有的妈妈都能如此“圣明”。她们为了促使孩子能更好地学习，往往采取物质刺激的方式，这样就导致了孩子错误地认为，学习不是给自己学的，而是为了妈妈学的，为了妈妈允诺下的丰厚奖赏学的。所以一旦当这些优越条件不复存在的时候，孩子也就丧失了学习的动力。因此从某种意义上说，这些妈妈的做法是欠考虑的。她们必须要让孩子正确地认识到，无论是学习，还是将来走向社会，他们所面临的绝不仅仅只是奖赏，还有更为激烈和残酷的竞争。可以说，谁具备了竞争力，谁就赢得了胜利。

也许有些妈妈会问，如何才能培养孩子的竞争意识呢？教育专家建议如下：

1.树立主人意识

21 世纪的竞争归根结底是人才的竞争。一个无法独立生活的人，是没有资格去参加竞争的，更不用说去赢得竞争。妈妈要想自己的孩子成为竞争赛场上的强者，必须培养他们在任何环境下都能独立生存和生活的能力。正好一篇文章所说：我们不是大自然的“客人”，而是它们的“主人”。

2.只有强者才是胜利者

所谓的“强者”应该是在任何环境下都能“脱颖而出”的人。他们不是像一只温顺的羔羊任人驱赶，而是一只凶悍的狼，驰骋在莽莽的草原，把所有的生物都当做自己可以捕食的对象。倘若你希望孩子是谦谦君子般的温良，那么就注定他成不了强者，也成不了胜利者。

3.要培养孩子的危机意识

有一位著名企业家说，任何一个企业或单位，除了领导之外，恐怕没有任何一个员工具有危机意识。他们从来不会关心企业这个月有没有赚到钱，他们从不会关心企业如何才能做的更强。其实这句话同样适用于孩子身上。孟子曰：“生于忧患，死于安乐。”这是放之四海皆准的至理名言。

培养孩子的危机意识，应注意以下两点：

(1)熏陶。妈妈的危机意识和竞争意识会在无形中熏陶自己的孩子。妈妈在一家私营企业工作，刚开始这家企业比较红火，待遇不错,但她并没有被眼前的红火冲昏头脑,她认为过度的红火可能就是危机来临的先兆。她一直保持着积极进取的心态,危机意识非常强烈。她酷爱技术钻研,十几年如一日地研究,让她在专业领域中取得了不菲的成绩。后来这家企业走向低谷,妈妈不得不走进了人才市场。这时她"十年磨一剑"的扎实功底就派上了用场。在一次招聘会上,她找到了自己发展的空间,只有中专文凭的她竟被聘为一家大企业的设计。正是由于妈妈的危机意识,使得她在竞争中获得了成功,并在生活中影响和培养了儿子的危机意识和竞争意识。

(2)学习。未来的社会竞争是异常激烈的,没有丰富的知识,就不能应对日益复杂的变化。所以妈妈应时刻叮嘱孩子,好好学习,用知识武装自己,而不是一味地溺爱,给孩子提供安乐的"窝巢"。

4.培养孩子正确的竞争意识

妈妈应本着对孩子以及社会负责的态度,给孩子灌输科学的"公平、公正、公开"的竞争意识。同时在培养孩子竞争意识的过程中,妈妈应注意以下两点:

(1)竞争不是斗争。妈妈在培养孩子竞争意识的同时,要告诉孩子把竞争与斗争区分开来。竞争是双方按照规则,主要用发展自我的方式去超越对方;斗争是双方各施阴谋诡计,主要用伤害对方的方式去战胜对方。竞争能使双方、社会都得到发展,斗争则常常是两败俱伤,并且,现代社会的竞争是一种在合作前提下的竞争,妈妈在培养孩子竞争意识的同时,更要培养孩子的合作意识,让他们懂得没有合作就没有竞争。此外,通过比较寻找差距是为了激发竞争,不是让孩子背上沉重的包袱而失去竞争的动力,或忌妒别人的成功而使心态不平衡。总之,要让孩子在健康有序的竞争环境下阳光成长。

(2)尊重竞争对手。竞争中的对手,并不是战场中的敌人,所以妈妈要教育孩子学会尊重对手。只有尊重对手,才能充分了解对手。真正的强者是尊重对手的,因为只有尊重对手才能证明强者存在的价值。生活中,很多孩子不懂得尊重对手,也不了解对手,单凭一番争强好胜的热情,就去和对手一较高低。一旦失败,便无法接受对手比自己强的事实,于是就忌妒对手,甚至攻击和丑化对手。还有的从此一蹶不振,再也不敢参与竞争了。是否尊重对手,决定着自己能否超越对手。聪明的人都善于尊重对手,向对手学习。对于强者来说,这世界要是没有了对手,他们会感到孤独,甚至会发疯。因为只有对手才能证明强者的价值。

总而言之,只有竞争才有机会,让孩子多一份竞争意识,就是多一份成功的把握!

让孩子远离挫折的困扰

在人生的成长道路上,挫折是在所难免的。其实受挫并不可怕,可怕的是不能正确面对挫折。古人云:“失败是成功之母”,更何况只是区区受挫呢?所以妈妈在教育孩子的过程中,一定要注重孩子承受挫折能力的培养。

小雨小时候因病成了残疾,妈妈的心就像刀绞一样地痛,但她还是强忍住自己的悲痛。她想,孩子现在最需要的是重新“站”起来的勇气,而不是妈妈的眼泪。于是妈妈来到小雨的病床前,拉着他的手说:“孩子,妈妈相信你是个勇敢的孩子,妈妈相信你能用自己的双腿,在人生的道路上勇敢地走下去!勇敢的孩子,你一定要答应妈妈,你能做到。”

妈妈的话，像铁锤一样撞击着小雨的心扉，他扑到母亲怀里"哇"地一声大哭起来。从那以后，妈妈只要一有空，就陪儿子练习走路，做体操，而且每次训练中，妈妈总是满怀希望的对他说："好孩子，你真是太棒了，比前几次进步多了，下一次一定会更棒！"小雨就这样在母亲的帮助下，一天天地进步。

有一次妈妈得了重感冒，但她还坚持下床按计划帮助小雨练习走路。黄豆般大小的汗水从妈妈脸上淌下来，她用毛巾擦擦，咬紧牙，硬是帮儿子完成了当天的锻炼计划。

通过此事，儿子大受感动，妈妈的努力付出，让他终于战胜了挫折，重新找回了希望。虽然疾病让他双腿残疾，但是却不能打垮生活的勇气。于是他把所有的精力和热情全部投入到学习中去，并凭借着优异的成绩赢得了大家的肯定和赞赏。

小雨的故事告诉了我们，其实挫折就像一根弹簧，只要你有足够的勇气和力量去战胜它，那么它就将会像尘埃一样卑微和渺小了。

当然，我们真诚地希望孩子们永远像天使一样健康快乐地成长，然而世事多舛，挫折之事时有发生。例如孩子考试不及格，没有考上理想的中学，或者比赛中没有取得好成绩等等。那么当孩子遇到这些情况的时候，妈妈应该怎么做呢？

曾经见过这样一件事情。

寒假考试中，壮壮数学只考了56分。妈妈让他脱了衣服跪在地上，做深刻反省。妈妈十分气愤地说道："考了这么差的成绩，你怎么还有脸面活在世上，你怎么不去死呀！"

壮壮委屈地流着泪解释说："我不是最差的，是因为考题太难才没有考好的。"没想到，妈妈听罢更加气愤了，她只认为这是壮壮为自己没考好编织的理由和借口。于是她气不打一处来地抓过儿子，就劈头盖脸地一顿毒打。而且一边打，一边骂道："你这不争气的孩子，考试不及格，我的脸都被你丢尽了，你去死，去死呀！”

壮壮是个要强的孩子，在妈妈的“凌辱”之下，他觉得已经失去了活着的尊严和意义。于是当他独自回到房间，躺在床上的那一刻，他选择了轻生的方式告别这个世界。幸亏被妈妈及时发现，抢救了过来。但是从那以后，壮壮就患上了严重的心理疾病。而妈妈则终日以泪洗面，悔不该当初，可惜，这一切都已经太迟了。

看着这个故事，我们会感到痛心疾首。孩子没有考出好成绩，已然是羞愧万分了，可是妈妈在这个时候，不仅不能张开宽容的臂膀给予他安慰，帮助孩子战胜挫折，反而落井下石、雪上加霜，最终导致了这幕悲剧的发生。

孩子处在发育期，心灵比较脆弱，特别容易受到伤害，尤其是受到挫折的撞击时，他们的心灵随时都有可能发生坍塌。儿童心理专家研究表明，孩子遭受挫折，通常是由以下几个方面造成的：

1.美好的理想和现实之间的差距

一般情况下，妈妈对孩子的期望值很高。她们总是给孩子制定太过于完美的奋斗目标，当孩子难以实现目标时，现实和理想之间就会形成差距，而这种差距就是造成孩子受挫的根本原因。

当然爱“美”之心，人皆有之。我们都真诚地希望，孩子能实现理想中的目标，但由于现实生活中还会受到各种因素的限制，在达到这种目标之前，还会出现许多困难和挫折。那么在不顾客观环境条件的限制下，一味地追求完美的目标就有可能失败，就有可能受挫。就像故事中的壮壮，他本来就是一位爱学习的好孩子，当考试不理想时，他也会感到愧疚。但是在妈妈的心中他只能考“100 分”，因为他是妈妈的骄傲，56 分是绝对不容许发生的。所以当双百和 56 分之间形成巨大落差时，妈妈为之疯狂了，孩子也彻底崩溃了。

2.缺乏必要的抗挫免疫力

由于每个孩子的抗挫能力不同，所以有的孩子即便所有科目都不及格，也会坦然处之、置之不理，而有的孩子就会像壮壮一样，受到挫折和委屈，就感到失去了面子，因此产生了轻生的念头。生活中挫折是不可避免的，而每个孩子对挫折的感受又各有不同，所以这就要求每个妈妈根据孩子的不同个性选择合适的教育方法。

一般来说，孩子受到了挫折，妈妈应该鼓励他们从挫折失败中获取经验，同时也有必要为他们提供适当的挫折情境来锻炼他们的挫折耐受力。总之提高孩子的挫折耐受力，对孩子的健康成长大有裨益。

3.精神压力太大导致受挫

秦岚的学习成绩在班级中属数一数二的，她是班级学习委员，同时她又是学校的文艺工作负责人，还参加了乐器小组，经常要外出接待外宾……结果由于各种活动无法同时达到满足，于是她感到了巨大的精神压力，学习成绩也下降了，乐器也拉得不如以前了，校文艺工作也无心去搞了。从此她便开始怀疑起自己的智商，开始怀疑起自己的能力，一度陷入了焦虑和痛苦之中而无法自拔。

其实秦岚的故事，正是现实生活中的真实再现。秦岚并非是能力不足，也不是智商下滑，而是沉重的精神压力，导致了精神疲倦。倘若妈妈能开导秦岚放弃一些"职务"，专心做一件事情，也许她就不会这么痛苦和无法自拔了。

现在我们已经知道了孩子受挫的基本原因，那么妈妈又该如何防患于未然，或者当孩子已然身处挫折的泥淖，又该如何把他们拉上岸呢？

(1)理解和宽容。当孩子受到挫折的打击时，妈妈首先要对孩子采取理解和宽容的态度，并以这种态度影响孩子，让孩子养成对挫折的宽容心态。有宽容心的人，他的世界就时刻充满了阳光，因为宽容他们就看到了希望。

但是让孩子学会宽容和理解，并不意味着对挫折视而不见、充耳不闻，似乎它自己就会过去，或者强作欢笑，装作不在乎的样子，采取这种逃避的态度也是不健康的。因此当孩子遇到挫折时，妈妈应该引导孩子从挫折或者失败中吸取经验，从而在以后的道路上遇挫时能勇于面对，战而胜之。

（2）给孩子多一些鼓励。每当听到孩子说："我怎么又考这么差"、"我真笨"、"我太丑了"、"我太无能了"，以及"我骑不了自行车"等等的时候，妈妈都应及时鼓励他要有自信心，用朴实的、积极的和鼓励的语言对孩子说："如果你努力，你可以做任何事"，或者"如果你努力，就能解开这道题"。

（3）让孩子有清楚的认识。当妈妈为孩子定的目标过高，超过了他们的实际能力时，就容易因为他们达不到预定的目的，而产生挫折感。所以妈妈应该正确地认识孩子，确立适合孩子的各种目标，既不要太高，也不要太低。目标太高容易使孩子经历挫折、丧失信心，这对他们的进一步成长非常不利。同时妈妈还要引导孩子自己也要有个清楚的认识。只有这样孩子在以后的学习生活中才能量力而行，避免再次受挫。

（4）泰然处之成与败。无论是成功还是受挫失败，都要让孩子明白自身的价值所在。孩子不可能在学习上总是第一名，不可能总在比赛中取胜，不可能总是获得奖状。但是他可以总是想到自己是一个有价值的人、一个重要的人。

挫折和成功两者如影随形，好孩子在好妈妈的教导下，一定会紧紧地拉着成功的手，在阳光下、在草地上，一起放声歌唱，让挫折的阴影永远背向太阳。

勇气创造神奇

英国著名哲学家培根说：“奇迹往往是在勇气之中创造出来的。”其实不然，勇气创造出来的绝不仅仅只是奇迹，还有其他的东西。

有这样一个故事。

妈妈把一只鹰和一群鸡放在一起喂养，渐渐的鹰就失去了飞翔的功能。有一天，妈妈抓住这只鹰，不止一次地把它扔向空中，试图让它飞上蓝天，但是这只鹰似乎真的变成了一只鸡，一次次地从高空中被摔下来，女儿对这种现象感到既有趣又好笑，她睁大眼睛望着妈妈，不知道会发生什么事情。

接着妈妈驱车把这只鹰带到了悬崖边，下面是令人胆寒的万丈深渊，妈妈手中的鹰仍然还是萎缩作一团，没有勇气。可是当妈妈把鹰抛向深渊时，女儿惊愕地发现，这只鹰迅速落向悬崖，在生与死抉择的一刹那，它以令人惊叹的速度迅速又飞起来，飞向那浩荡无比的远空，在空中它恢复了鹰的雄姿，振动着双翅，威风无比。

在生与死的边缘，这只鹰用勇气挽回了生命。倘若在最后的一刹那，这只鹰没有鼓动起翅膀，展翅高飞。那么后果是可想而知的。其实有时候人和鹰的处境是一样的，都需要用勇气去改变人生和命运。

小米患了一种奇特的怪病，她的容颜不可思议地变化着，短短三个月的时间，她的容貌仿佛一下子苍老了几十岁。对一个花季少女而言，没有靓丽的容颜简直就是一场噩梦。从此后，小米开始变得羞于见人，一向活泼开朗的她，也变得沉默寡言。即便偶尔说几句话，也是发脾气。

有一次，体育课上她的面具被淘气的男生摘下了好几次。她冲上去跟他们抢，男生就把面具传来传去的当游戏玩儿。小米气愤不过，丢下面具，流着泪跑回家了。

她一回到家，就一头扑在妈妈的怀中，失声痛哭了起来。她颤抖着说："妈妈，我再也受不了了，求求你了，帮帮我吧！"

看着女儿伤心不已的样子，妈妈的心如刀割，她是多么希望由自己去代替女儿受苦呀！可是她不能，她的泪水如决堤的洪水一般，涌了出来。

"好孩子，我们哪儿也不去了，就乖乖地待在家里，妈妈养活你。"

从此后，女儿就告别了学校。没有朋友的生活，是孤单寂寞的。渐渐地，小米的脾气变得越来越坏。她开始无端地摔桌子，砸板凳，而且家里所有的镜子，都被她砸破了。

此时，妈妈感觉如果这样发展下去，小米很有可能会精神失常的。于是她决定帮助女儿重新找回生活的勇气，让她重新回到朋友身边，回到快乐和幸福身边。

事情远没有妈妈想得那么简单。刚一开始的时候，妈妈就遇到了一个大难题，女儿不愿意和任何人交流，也绝不愿意走出房门半步，更不愿意见到陌生人。

这可怎么办呢？就在妈妈束手无措的时候，突然从电视中看到一档节目，给了她莫大的灵感。于是妈妈给小米买了一台电脑，并鼓励她上网聊天。

几天之后，有位聊得很好的网友，主动提出要跟小米视频聊天。这下可把小米难住了，因为她怕网友见到了她的模样，会从此离开她。

最后在网友的再三坚持和要求下，小米终于答应了他的请求。小米怀着忐忑不安的心，慢慢摘掉了自己的面具。

一秒……二秒……一分钟……五分钟……小米的心仿佛是在油锅里煎熬。这期间，她没有说一句话，网友也没有说任何一句话。小米的心渐渐地变凉了。她知道网友看了她的真面目后一定会离开她的。

“你很美。”

小米简直不敢相信自己的眼睛，她用怀疑的眼神，盯着这三个字，许久许久。

“很高兴，你终于迈出了艰难的第一步，你是勇敢的，我为你鼓掌。”

小米大惑不解地看着 QQ 聊天栏中的文字。

“人的一生中会遇到很多不开心，很多不如意。如果你不能鼓足勇气克服它们，那么受伤和痛苦的人，必定只是你自己。其实不是生活和朋友遗弃了你，而是你遗弃了生活和朋友。”

小米的心扉在这一刻被打开了。她的眼睛一下子湿润了。她颤抖着打出了一行字：

“我想立刻见到你。”

一个小时之后，小米和网友如约见面了。对方也带着一张格格不入的面具。两人见了面，彼此面面相觑。过了良久，小米才开口说道：“感谢你，是你让我找到了活下去的勇气。”

这时，网友的回答让小米不禁感到了震颤。

网友说：“其实，最应该感谢的人是你母亲。她从医生那里，知道了我的情况，并主动找到了我，希望通过我，唤起你对生活的热爱和顽强活下去的勇气。”

小米听完之后，哭得像泪人一样。她冲到家，再次扑在妈妈的怀里，失声痛哭了。这是感激的泪水。

“我要重返校园了。”小米擦干了眼泪说。

当小米回到阔别已久的课堂上时，心中百感交集。她知道，当初要是多一份勇气，也许……

时光荏苒，转眼间又到母亲节了。

在这个特殊的日子里，她勇敢地站在了学校举办的“唱响母亲”的文艺演出会场上，面对台下1000多名师生，小米声泪俱下地演唱了一曲《烛光里的妈妈》，唱完后她摘下了面具，深深地鞠了一躬，说道：“感谢妈妈，感谢妈妈给了我勇气，愿天下所有的妈妈健康长寿！”

小米的故事告诉了我们，不管任何时候，生活都不曾离我们而去，离开我们的只是那份失落的勇气。倘若没有勇气的支撑，小米可能还蜷缩在独孤的一角，暗自饮啜。如果没有勇气的支持，小米可能永远再也感受不到生命的美好，所以让我们鼓足勇气，对着所有的不悦和烦忧，大声疾呼：“让你们统统见鬼去吧！”

还记得刚才提到的那只鹰吗？其实在自然界中，当幼鹰长到足够大的时候，鹰妈妈就会把巢穴里的铺垫物全部扔出去，这样雏鹰们就会被树枝上的针刺扎到。因此它们不得不爬到巢穴的边缘，而这时，鹰妈妈就会把它们从巢穴的边缘赶下去。当这些雏鹰开始坠向谷底的时候，它们就会拼命地拍打翅膀来阻止自己继续下落。最后它们的性命保住了，因为它们掌握了作为一只老鹰必须具备的最基本的本领——飞翔!

所以妈妈在教育孩子的过程中，也要打破一味溺爱的窠臼，让他们像雏鹰很不情愿离开它们巢穴一样，承受生活中的变化、接受生活挑战，从而激发出振翅高飞的勇气。